百海　正一 著

ケースメソッドによる学習

学文社

目 次

序 ··· 1

第1章　ケースメソッドと学習 ································· 5
　(1) ケースとはなにか　5
　(2) ケースメソッドと教授法　7

第2章　ケースメソッドによる能力開発 ······················ 12
　(1) マネジリアル・スキル　12
　(2) 開発すべきスキル　15

第3章　ケースをとおしての学習 ······························· 19
　(1) ケースの特徴と学習目標　19
　(2) ケース教材の分類　25

第4章　ケース学習のプロセス ·································· 47
　(1) 第1ステップ（個人学習の段階）　47
　(2) 第2ステップ（グループ学習）　51
　(3) 第3ステップ（クラス討議）　51
　(4) 第4ステップ（復習）　51

第5章　個人学習の段階 ·· 54
　(1) 問題点の発見と整理　54
　(2) イシュー・アナリシス　56
　(3) ケース・データ分析　61
　(4) 解決案の作成　66
　(5) 決定基準（あるいは判断基準）　68
　(6) 代替案の分析と評価　70
　(7) 好ましい代替案の選択　75
　(8) 実行計画の作成　77

第6章　グループ学習の段階 …………………………………… 81
- (1) グループ学習の位置づけ　81
- (2) グループ・メンバー　82
- (3) クラス・サイズ　82
- (4) 教育理論　83

第7章　クラス討論の段階 …………………………………… 86
- (1) クラス討論のアウトライン　86
- (2) クラス討論における教師の役割　89

第8章　ケース・プレゼンテーション …………………………… 93
- (1) オーラル・プレゼンテーション　94
- (2) ロール・プレイングを伴うプレゼンテーション　98
- (3) コンペティシオンを伴うプレゼンテーション　99
- (4) ケース・ディベート　100

第9章　ケース分析レポートとケース試験 ……………………… 103
- (1) ケース分析レポート（WACs）　103
- (2) レポートの作成　104
- (3) レポート評価　109
- (4) ケース試験（Case Exam）　110

第10章　プロジェクト・レポート ………………………………… 114

第11章　交　　渉 ……………………………………………… 121

資料1　教室のレイアウト例　127
資料2　インシデント・ケース　128
資料3　ケース・サンプル　130
資料4　クラス討論において，ツールとして使われる質問例　132
資料5　ティーチング・ノート（Teaching Note）　135

参考文献　137
あとがき　146
索引　151

序

　ケースメソッド（The Case Method of Instruction）は，わが国においてもようやく定着してきたようである。この教授法は，ハーバード・ビジネス・スクールの経営教育の方法として，100年近い歴史をもっている。現在，北アメリカにおいては，ハーバードにおける成功に刺激され，ノースウエスタン大学，カナダのウエスタン・オンタリオ大学をはじめとして，多くのビジネススクールや産業界の教育機関において，ケースメソッドが採用され，普及するにいたっている。また，欧州においても，1960年代にスイスのローザンヌ（IMD），フランスのフォンテンブロー（INSEAD），イギリスのロンドン（London Business School）が，アジアにおいてはインド経営大学院（Indian Insitute of Management），アジア経営大学院（Asian Institute of Management）が開設され，ケースメソッドを採用し，今日にいたっている。

　一方，わが国においては，1956年ハリー・ハンセンおよびフランクリン・フォルツ教授による第一回慶應義塾大学主催ハーバード大学高等経営学講座[1]が最初である。当時のマネジメント・セミナーには，石原　俊（日産自動車経理部長）や弘世　現（日本生命社長）ら60名が参加している。しかしながら，わが国におけるケースメソッドは，大学よりもむしろ企業における研修技法として普及していった。日本生産性本部，人事院公務員研修所，貿易研修センターなどの研修機関が，その導入に熱心であった。当時の大学では，先進国の経営学の学理を輸入することに忙殺されて，学問の適用については，次元の低いことと見なされていた。

　1970年代に入ると，日本の大学教育に飽き足らない企業は，「アドバンスト・マネジメント・プログラム[2]」，「プログラム・フォー・マネジメント・ディベロップメント[3]」などのプログラムを中心に，海外のビジネススクールに経営幹部候補生を派遣するようになった。その頃から，経営教育やケースメソッドに関する記事がビジネス雑誌に掲載されたり，書物が出版されるようになった[4]。

これらの書物は，おおよそ，a) 各スクールとその特徴を紹介したもの[5]，b) ビジネススクールの教育について紹介したもの[6]，c) ビジネススクールでの学習体験を記したもの[7]，d) ケースメソッドについて批判したもの[8]，e) 経営者教育について触れたもの[9]，f) テキストを翻訳したもの[10]，g) 授業のエッセンスを紹介したもの[11]に分類できる。

一方，ケースメソッド教育そのものや，ケース・スタディー（事例研究）について触れた書物には，h) ケース・ティーチングに関するもの[12]，i) ケースメソッド教育に関するもの[13]，j) ケース・スタディー（事例研究）に関するもの[14]がある。これらの本はやや専門的で，どちらかというと教員（含む企業インストラクター）向けに書かれている。また，学生向けの書物には，k) ビジネススクールの教育とその学習法に関するもの[15]，l) ケースメソッド学習と分析に関するもの[16]がある。

これらの書物が出版されるようになった背景には，欧米のビジネススクールに留学するビジネス・パーソンの増加がある。留学生は，1988年には年間1,000人を突破し，1991年にはおおよそ1,500人に達している。それゆえ，1992年から毎年，欧米のビジネススクールを紹介するMBAフォーラム[17]が設けられるようになった。

また，最近わが国においても，新たに専門職業大学院が設立され，ケースメソッドを採用するスクールが増加している。一方，東ヨーロッパ・ロシア地域においても，ビジネススクールが1990年代に創設され，ケースメソッドが採用され[18]，普及しはじめている。

通常ビジネススクールには，20代後半のビジネス・パーソンをターゲットにしたMBA（Master of Business Administration）のプログラムだけでなく，ビジネス・キャリア10年以上で，将来は経営陣に参加する可能性のあるビジネス・パーソンを対象としたPMD（Program for Management Development），すでに経営陣に参加しているか，参加する直前のビジネス・パーソンを対象としたAMP（Advanced Managment Program）がある（図表1）。

図表序.1　ビジネススクールの主なプログラム

ビジネススクール	対象年齢	期間
MBA 学生	20 代後半	1～2 年
PMD 管理職	30 代	12～13 週間（約 2.5 月）
AMP 管理職	40 代	12～13 週間（約 2.5 月）
セミナー	特定の業種業界分野	1 週間程度

　これらのスクールでは，従来の講義方式による教育よりも，ケースメソッドによる教育が普通である。そこで，本書は，ビジネススクールで学ぼうとするビジネス・パースン（例，MBA, PMD, AMP），ケースメソッドとその学習法について理解したいと思っている人たちや，ケース・ディスカッション・リーダー（ケース・インストラクター）を主な読書対象としている。

注
1) Advanced Management Seminar by The Faculty members of Harvard Graduate School of Business Administration.
2) AMP（Advanced Management Program）すでに経営陣に参加しているか，参加する直前の部長クラスを対象としている。
3) PMD（Program for Management Development）ミドル・マネジメントで将来経営陣に参加する課長クラスを対象としている。
4) 日経ビジネススクール調査「欧米ビジネススクール卒業生はいま？　金融に商社に有能なミドル群形成」『NIKKEI BUSINESS』1977 年 10 月 24 日号
5) George Bickertstaffe, *Which MBA*, Addison Wesley Publishing Company, 1995.（笠木恵司訳『MBA 入学ガイドブック―各校の付決定版―』ダイヤモンド社, 1997 年）
6) David W. Ewing, *Inside The Harvard Business School: Strategies and Lessons of America's Leading School of Business*, NewYork Times Company, 1990.（茂木賢三郎訳『ハーバード・ビジネス・スクールの経営教育』TBS ブリタニカ, 1993 年）
7) 藤井義彦『挑戦！ハーバード AMP 留学―上級マネジメントプログラム―』東洋経済新報社, 1991 年
8) Henry Mintzberg, *MANAGERS NOT MBAs*, Berrett-Koehler Publishers, 2004.（池村千秋訳『MBA が会社を滅ぼす』日経 BP, 2006 年）
9) 野村マネジメント・スクール『企業変革と経営者教育』NRI 野村総合研究所,

2000 年
10) Christpher A. Bartlett & Sumantra Ghoshal, *Transnational Management*, Richard D. Irwin, 1992.（梅津裕良訳『MBA のグローバル経営』日本能率協会マネジメントセンター，1998 年）
11) 鶴岡公幸・松林博文『MBA 経営キーコンセプト』産能大学出版部，1999 年
12) Louis B. Barnes, C. Roland Christensen and Abby J. Hansen, *Teaching and the Case Method*, Harvard Business School Press.（高木晴夫訳『ケースメソッド実践原理』ダイヤモンド社，1997 年）
13) 坂井正廣『経営学教育の理論と実践』文眞堂，1996 年
14) 田代　空『研修基礎講座 7　事例研究』産業労働調査所，1984 年
15) Caroline Gatrell & Sharon Turnbull, *Your MBA with DISTINCTION*, FT Prentice Hall, 2003.
16) Al Edge, *The Guide to Case Analysis and Reporting*, Systems Logistics, 1991.
17) GMAC & YMCA 主催「第 1 回日本 MBA フォーラム」1992 年
18) CEEMAN（The Central East European Management Development Association）の IMTA（International Management Teachers Academy）が教員のためにプログラムを実施している。

第1章　ケースメソッドと学習

　経営教育の一方法としてケースメソッド（The Case Method of Instruction）がある。ケースメソッドの目的は，知識（Knowledge）の開発にあるのではなく，ハーバード・ビジネス・スクールの理念を述べた"An Era"という書物に「英知は，これを伝える事が出来ないが故に（Because Wisdom can't be told...（McNair p.9）」と記されているように，知恵（Intelligence）の開発にある。ケースメソッドでは，現実の経営現象を記したしたケース（事例）が，まず学生に与えられる。ケースには，ニュースや企業での取材に基づいた経営現象が記されており，学生は「ケースに記されている状況を整理し，問題は何なのか，もし自分が当事者として責任ある立場に立っていたら，どのようにその問題を解決するか」などを，学生自身が考え，状況を整理・分析し，考えられる解決案をもってクラスに出席する。クラスでは，学生に対して，各自の見解が求められ，その妥当性に対する討論が討論指導者（ディスカッション・リーダー）による指導の下で行われる。このような教授法は，教授が学生に対して「正解」を伝授するという講義方式とはまったく異なっている。

(1) ケースとはなにか
　ケースメソッドは，伝統的な講義中心の教授法に代わって，討議中心の教授法として，また「判断のための教育（Education for Judgement）」として，ビジネススクールのみならず，多くの分野で採用されている。ここでいうケースメソッドは，ケース・スタディー（Case Study）あるいは事例研究とも呼ばれているが，ケースメソッドとケース・スタディーは，しばしば混同されて使われることがある（図表1.1）。

図表 1.1　ケース・スタディー

```
ケース・スタディー ┬① ケースメソッドにおけるケース・スタディー  ……… 教育目的
(The Case Study)  │   (The Case Method of Instruction/Teaching)
                  └② ケース・スタディー（・リサーチ）           ……… 研究目的
                      (The Case Study for Research)
```

出所：坂井・吉田，p.6[1]

　ケースメソッドにおける①ケース・スタディーとは，教育目的として開発されたケース（Case）という教材を使って，企業経営を学習（Study）することを意味している。ケースは，基本的には「ケース・ライター（Case Writer）ないしはケース・リサーチャー（Case Researcher）が企業を訪問し，関係者に取材したり，観察したり，資料（記録）を収集して，1つのストーリー（物語）に仕上げた教材」である。通常，ケースには，企業の状況が具体的に記されており，組織のある主人公（含む複数）が直面しているイシュー（問題），決断すべき事項やチャレンジすべき事項が含まれている。

　一方のケース・スタディーは，どちらかというと，②ケース・スタディー・リサーチというべきもので，社会科学における調査研究を意味している。例え

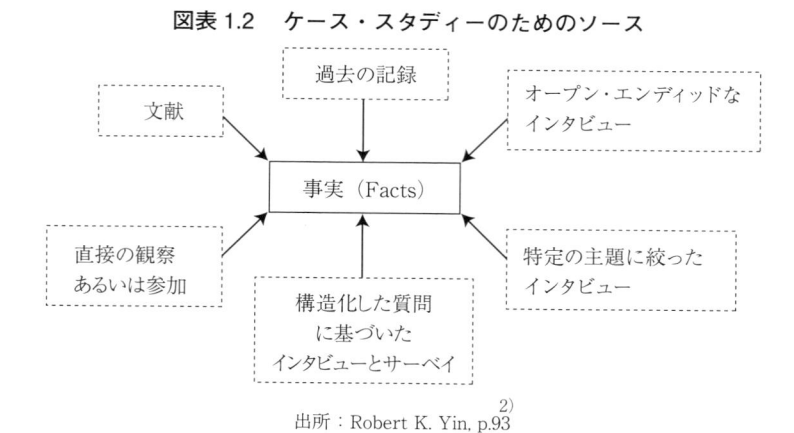

図表 1.2　ケース・スタディーのためのソース

事実（Facts）の周囲に以下のソース：
- 文献
- 過去の記録
- オープン・エンディッドなインタビュー
- 直接の観察あるいは参加
- 構造化した質問に基づいたインタビューとサーベイ
- 特定の主題に絞ったインタビュー

出所：Robert K. Yin, p.93[2]

ば，日立と松下の企業行動に共通点はあるのか，それとも相違点はあるのか，などの仮説に基づいて，研究者（Researcher）が実際の企業を訪問し，関係者に面接（インタビュー）したり，観察したり，資料（文献・記録）を収集して，それらのデータを分析し，その結果によって仮説を検証する。あるいは，最初の仮説を変更して新しい仮説をたて，さらに新しい調査研究を行ったりする。その結果，企業の行動に類似点が明らかになったり，新しいコンセプトが生まれたりする（図表1.2）。それゆえ，このようなケースはリサーチ・ケースと呼ばれている。

(2) ケースメソッドと教授法

　もし，われわれがケースメソッドと学習について理解を深めようとするならば，ケースメソッドと他の教授法（あるいは教育方法）との違いを，そしてケースメソッドがめざしている能力開発について少しふれておく必要がある。

　ほとんどのビジネススクールは，ケースメソッドを採用しているが，ハーバード大学，ウエスタン・オンタリオ大学，IMDほどヘビーではない。例えば，ノース・ウエスタン大学では，ケースメソッドとレクチャーの比率がおそらく6対4か5対5ぐらい，インディアナ大学では4対6ぐらいであろう。[3]また，「ゼネラル・マネージャー育成」を標榜しているビジネススクールがある一方，どちらかというと，「スペシャリスト育成」をめざしているビジネススクールもある。このように，ビジネススクールといっても，それぞれの目標（例，能力開発）があり，目標達成にあった教授法を採用している。

　通常教授法には，ケースメソッドの他に講義方式（Lecture Method），ロール・プレイング（Role Playing），ケース・スタディー（Case Study），シミュレーション・ゲーム（Simulation & Game），プログラム学習（Programmed Learning），チュートリアル（Tutorial）などがある。そこで，まずその特徴について概観してみよう。

① 講義（レクチャー）方式は，教師から学生への知識の一方的な伝達形式をと

る。その結果，学生は学習に対して受動的になりがちである。講義方式の長所は，学生に対してまったく未知な内容を，体系的に理解させることができること，多数の学生に大量の内容を，比較的短い時間にチョーク・アンド・トーク方式で，教えることができることなど，最も手間も暇もかからない教授法である。しかしながら，教師が講義の区切り目に学生に質問したり，あるいは講義の途中で問題を投げかけないかぎり，学生との間にフィード・バックが少ないこと，学生が参加する機会が少ないこと，などが短所としてあげられる。[4]

　これに対し，教育の場にゲームによるある種のシミュレーション的な状況をつくり出し，その状況のなかで学生に興味をもたせつつ体験学習をさせていく"参加型学習"といえるものとして，ロール・プレイング，ケース・スタディーと討論，シミュレーション・ゲーム，プログラム学習，チュータリング，プロジェクト方式（後述）がある。

② 　ロール・プレイングは，ある場面（例，労使交渉）を設定し，学生にその場面におけるいくつかの役割（例，勤労担当者や組合委員長）を与え，演技させる（プレイ）ことによって，実際行動の訓練を行う教授法である。[5] ロール・プレイングは，新入社員の電話の応対からリスク時における記者会見の訓練まで広く活用されている。このような役割を学生に演じさせることによって，他人に対する理解を深めさせ，他人から期待されている自分の役割を見直させる契機とさせることができること，しかも動作や表情などの演技を伴うことから，参加者の態度の変容や問題解決能力の向上を図ることが可能である。特に，近年ロール・プレイを伴う交渉ゲーム（後述）が，管理者向け教育で使われている。

③ 　ケース・スタディーは，ケースという教材に記してある状況のなか，当事者（あるいは主人公）の立場に立って，その論点あるいは課題（Issue）は何か，どういう原因（Cause）が考えられるか，どのような解決案（Making an alternate plan）は考えられるか，解決案（あるいは代替案）のなかから，どの案を選択し

たらよいか (Decision)，選択した案を実行するに当たってどんなステップを踏んだらよいか (Implementation) を討議しなければならない。[6]

　学生は討議に入る前に，与えられたケース（個人学習）を読み，かつその内容を分析し，各自解答を用意して，グループ学習（あるいは討議）に臨まなければならない。学生は，各自が分析した結果を相互に披露し合い，グループあるいはクラス全員で討議する。討議は，はじめ数人のグループで行われ，ついで学生全員が，馬蹄形の階段教室（巻末資料1）に集まって討議する。ケースメソッドには，ケース・プレゼンテーション，ケース・レポートなどのバリエーションがあり，比較的フィードバックの高い教授法である。

④　ゲームを使った教育は，ストラクチャード・エクスピアリアンス (Structured experience)。エクスペリエンシャル・ラーニング (Experiential Learning) などと呼ばれ，教育訓練の場で疑似体験させ，学習させるための仕組み (Structured) をとおして，知識や技能を身につける学習方法である。[7] 従来の講義法では，知識として理解したというレベルに留まって，実際の行動に結びつかない，という限界があったため，教育研修で得た知識を実践に結びつけることのできる方法として，各種シミュレーション・ゲームが開発されている。

　このカテゴリーに属する学習法の1つであるビジネス・ゲーム (Business Game) は，もともと戦争ゲームが発展したもので，1956年にAMA (American Management Association) が経営者の啓発のために作成したコンピュータ・モデルが最初といわれている。日本では，1958年慶應義塾大学主催ハーバード大学高等経営学講座で公開されたゲーム（アンドリンガー・モデル）が最初で，その後日本マネジメントスクール，日本科学技術連盟，日本生産性本部，産能大学など各方面で開発・利用されている。[8] 一方アメリカでは，1970年代ハンス・トレリ (Hans Thorelli) らが開発した国際経営のゲーム INTOP (INTernational OPeration simulation) などが，広く利用されている。[9]

⑤　プログラム学習は，プログラム・テキストやCAI (Computer Aided

Instruction）を使って学生に，例えば，「基礎簿記」などのテーマを順を追って学習させることにより，テーマに関する理解を深めさせようとする方法である。この教育方法は，学生の能力や理解度にそって行うのが本来の学習であるという理念に立脚し，学習教材をフレームと呼ばれる小さなステップに細分化して，学生に提示するようになっている。それゆえ，学生はフレームを読み，理解してから，次のフレームに進むように組まれており，段階を追って内容を学習するという，きわめて構造化された学習法である。[10]

ところで，ビジネススクールには，文学部や理工学部出身など，ビジネスの基礎的知識を欠いたビジネス・パースンが応募してくる。このようなとき，合格者にプログラム学習書（例．ロバート・アンソニーの会計学）を送り，予習を義務づけているスクールもある。

⑥ チュータリングは，イギリスの大学で古くから実践されてきた教育方法であり，アクション・ラーニングでも取り入れられている。[11] チュータリングでは，チューター（例．Teaching Assistant）が，プログラムの参加者である学生や，少人数のグループを担当して，研究活動，学生生活などを指導する。企業研修の場合，チューターはトレーナー，あるいはリーダーと同様の意味で用いられる。チュータリングでは，インストラクターが実際やってみせ，次に学生に見習わせ，正していく，という訓練方法である。具体的には，ある企業で技能的なものを教える場合，a) まず，熟練者やインストラクターが訓練生（Trainee）の前でやって見せる（デモンストレーション），b) 次に，訓練生に基本知識を教え，質問し，確認する，c) 訓練生にやらせてみる，d) その結果を見て，コメントし，ヒントを与える，f) 必要ならインストラクターが再度模範を示す，という順序になる。

以上，教師（あるいはインストラクター）が採用している教授法と，学生に対するフィードバックの関係という2つの軸で分類してみると，ケース・スタディーによる討論型・参加型教育は，ちょうど中間に位置している（図表1.3）。

図表1.3　教授法とフィードバックの関係

フィードバック 高い↑↓低い			
		ロール・プレイングゲーム&シミュレーション	
	プログラム学習	ケース・スタディーによる討論	チュータリング
		レッスン(教室での授業)	

高い　←　　構造化の度合い　　→　低い

注：フィードバックとは，例えば，学習者に自分の不足している部分，弱い部分を自覚させる。また，正しい学習を確認し，誤った知識・技能を修正させる等を意味する。

出所：John Heath, p.11 をもとに作成[12]

注

1) 坂井正廣・吉田優治監修，ケースメソッド研究会編『創造するマネージャー』白桃書房，1997年，p.6
2) Robert K. Yin, *Case Study Research: Design and Methods*, Sage, 1994, p.93.
3) 日米経営科学研究所（JAIMS）編『アメリカの経営大学院―ガイドブック―』財団法人情報処理教育研修助成財団，1977年，p.32
4) Wilbert J. McKeachie, *Teaching Tips*, 9th ed., HEATH, 1994, pp.53-54, 139-140, 167-171.
5) 川端大二・鈴木伸一編『研修基礎講座8　研修用語事典』産業労働調査所，1985年，p.99, 236, 299, 339
6) 田代　空『研修基礎講座7　事例研究』産業労働調査所，1979年，pp.88-89
7) 山本成二・美濃一郎『研修ゲームハンドブック』日経連出版部，1998年，p.11
8) 藤田　忠編『経営シミュレーション―意思決定能力の開発のために』中央経済社，1970年，p.20
9) Hans Thorelli & Juan-Claudio Lopez, *INTOPIA*, Prentice Hall, 1994.
10) 鈴木伸一『研修基礎講座6　研修技法』産業労働調査所，1984年，p.383, pp.259-262
11) H. ミンツバーグ著，池村千明訳『MBAが会社を滅ぼす―マネジャーの正しい育て方』日経BP社，2006年，pp.62-68, p.406
12) John Heath, *Teaching and Writing Case studies: A practical guide*, ECCH, 1998, p.11.

第2章　ケースメソッドによる能力開発

(1) マネジリアル・スキル

　『現代教育用語辞典』によれば，学習（あるいは学習する）とは，単純にいえば，知識の獲得，技能（スキル）の習得，また物事に対する感情や人格の形成などを目的としている[1]。これらの目的を達成するために，いろいろな教授法がある。

　そこで，まず授業の構造を，インプット，プロセス，アウトプットに分けてみる。インプット（Input）とは，実際に学生と教師が授業もしくは演習という場で出会うまでの両者の授業への投入要因である。ここでは，学生の受講動機，ビジネス経験，教師による授業設計（含む，学習内容，教授法）を投入要因とする。次にプロセス（Process）とは，授業あるいは演習という場で行われる学習過程要因である。ここでは，教授法（ケースメソッド）と集団過程（グループ学習，学習者間および学習者―教師間の相互作用の場）を取り上げる。最後にアウトプット（Output）とは，授業結果として生み出されるなんらかの成果を意味している。その成果としては，学生のマネジリアル・スキル，すなわちロバート・カッツ[2]が指摘しているテクニカル・スキル，ヒューマン・スキルおよびコンセプチュアル・スキルの習得（あるい涵養）とする。また，授業の外部要因として，ビジネススクールの教育方針のほか，カリキュラム，教育環境などが制約条件としてあげられる。これらの関係を図示すると，図表2.1のようになる。

　ここで，① テクニカル・スキル（Technical skill）とは，特定の職務に関する理解と効率的に遂行する能力をいう。具体的には，エンジニアリング，製造，財務など，ある特定の職務を遂行するうえで求められるテクニック，プロシジャー，ツールを扱う能力である。このスキルは，下位のマネージャーにとって最も重要なスキルである。具体的な作業を遂行するために部下を指導したり，また部下が問題をかかえたときには支援したり，マネージャー自らも実際の作

図表 2.1　授業の構造

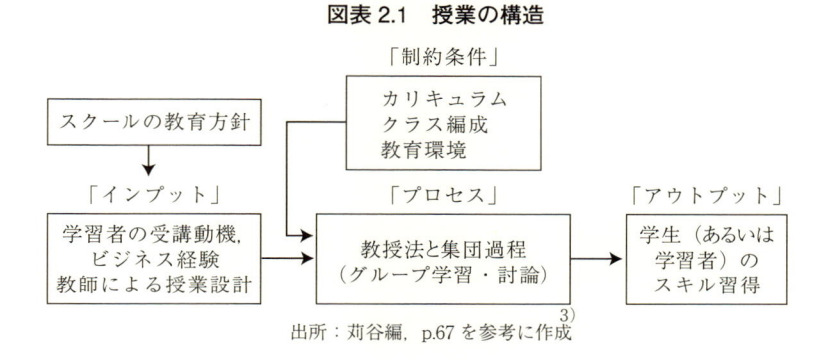

```
                        「制約条件」
                        ┌──────────┐
                        │カリキュラム│
┌──────────────┐        │クラス編成 │
│スクールの教育方針│───→│教育環境   │
└──────────────┘        └──────────┘
                             │
      「インプット」      「プロセス」         「アウトプット」
   ┌──────────────┐   ┌──────────────┐   ┌──────────────┐
   │学習者の受講動機,│   │教授法と集団過程│   │学生（あるいは │
   │ビジネス経験    │──→│（グループ学習・│──→│学習者）の     │
   │教師による授業設計│ │討論）        │   │スキル習得     │
   └──────────────┘   └──────────────┘   └──────────────┘
```

出所：苅谷編, p.67 を参考に作成[3)]

業に加わることもある。

②　ヒューマン・スキル（Human skill）とは，マネージャー（課長）などがグループ・メンバー（課員）とよりよい人間関係を築き，かつ部下をとおして職務を遂行したり，他部門のメンバーと共に職務を協調的に遂行していく能力をいう。言い換えれば，部下のモチベーションを高めたり，部下を組織目標に向かって結集していくためにリーダーシップを発揮したり，職場におけるコンフリクトを調整したり，人間関係をよりよいものにするためにコミュニケーションを高めたり，他者に影響を及ぼしたりする能力である。ヒューマン・スキルは，あらゆるレベルのマネージャーに不可欠なスキルである。

③　コンセプチュアル・スキル（Conceptual skill）とは，企業全体の視点で，企業活動を計画したり，調整したり，統合する能力をいう。例えば，あるゲームソフト会社が新製品（例，ビジネス・ゲームのソフト）を開発した場合，マーケティング政策（例，セールスマンや代理店に対して教育は必要か），財務（例，キャッシュフローはいつプラスになるか），開発部門（例，メインテナンスやサポートが必要か）にどのように影響を与えるか，ということについても認識する能力が含まれている。コンセプチュアル・スキルは，トップ・クラスのマネージャー（あ

るいはトップ・マネジメント)にとって最も重要なスキルである。トップ・マネージャーに求められる能力には,概念化する能力,異なったアイデアを統合する能力,インテリジェンス(知恵),判断力が含まれる。

図表2.2は,コンセプチュアル,ヒューマン,テクニカルなどのスキルが,経営階層との関係においてどのようにとらえられるか,を示している。

例えば,トップ・マネジメントにとっては,第1にコンセプチュアル・スキル(この場合,コンセプチュアルと意思決定),第2にヒューマン・スキル(コミュニケーションとヒューマン・リレーション)が,相対的に重要であることを示している。一方,下位の管理職,例えば,ライン・マネージャーや,ノン・マネージャーレベルの人たち(従業員)にとっては,第1にヒューマン・スキル,第2にテクニカル・スキルが求められることを示している。どの職場で,どのような地位の人でも,組織のなかで働く人であれば,ヒューマン・スキルは共に重要なスキルであるが,マネジメント・レベルの高いマネージャーほどコンセプチュアル・スキルが求められる。これに対して,テクニカル・スキルは,学

図表2.2 コンセプチュアル,ヒューマン,テクニカル・スキルなどとマネジメント・レベルとの関係

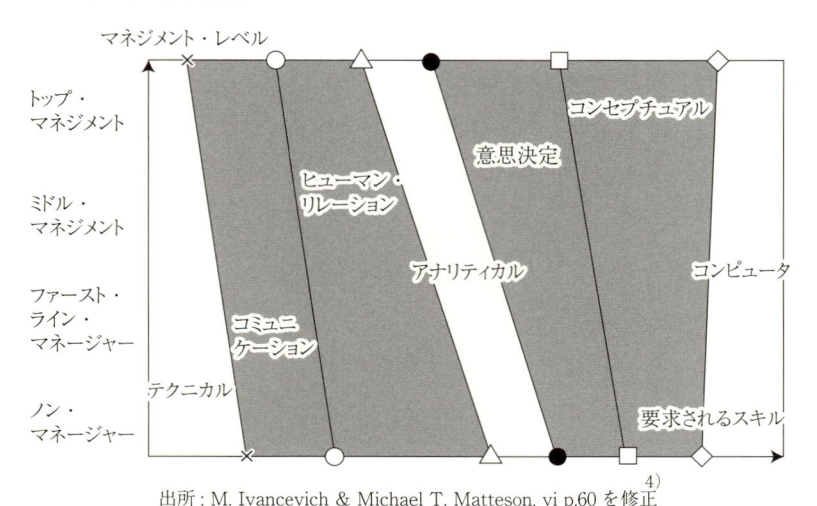

出所:M. Ivancevich & Michael T. Matteson, vi p.60 を修正[4)]

生が本を読んだり、教師の指導を受けたり、技能訓練を受けたりすれば、ある程度専門分野のスキルを習得することが可能である。ところが、人や組織を動かすヒューマン・スキルや、企業全体の立場でマネジメントに関する問題を考えたり、判断したり、決定するコンセプチュアル・スキルは、かりに人間関係、リーダーシップ、意思決定という言葉（知識）とその意味を理解していても、実践できるわけではない。もうすこし一般的にいうと、「知識（Knowledge）をものごとについての明確な認識や理解、および知っている内容」と定義すれば、「知恵（Intelligence）は知識を得て、活用する能力」といえる。それ故、各種教育機関で「知識」を獲得しても、知識を活用する能力が身についていなければ、マネジメントの仕事にたずさわることは難しいといえる。

　日本の教育界では、これまで「知恵」の開発に重点をおいた教育にあまり注意が払われてこなかった。それは、欧米先進国に追随していればよかった、という歴史的な理由が原因かもしれない。しかしながら、近年文部科学省が、「自分で考え、判断する能力や、問題を分析する能力」に重点をおいた教育を提言しているが、これは従来の「知識」偏重の教育から「知恵」の開発へと、教育政策の転換を意味している、といえよう。

(2) 開発すべきスキル

　「知恵」の開発に適した教授法にはいろいろあるが、ビジネス・クォータリー（*Business Quarterly*, 1967 Autumn）によれば、マネージャーが開発すべきスキルを① 現状把握、② 情報の収集整理、③ 問題形成、④ 代替案の作成、⑤ 意思決定、⑥ 指示伝達、⑦ 動機づけ、の7つに分解している。図表2.3は、マネージャーとして要求されるスキルが、どの教授法を採用することにより、開発されるかを表している。

　このなかで、ケースメソッドが、どのようなスキルの開発に役立つのか、という観点から検討しよう。

　図表2.3より、「ケース・メソッド」は、③ 問題形成や、④ 代替案・解決案の提示に、また「インシデント・プロセス（後述）」は、② 情報の収集・整

図表2.3　各種スキルの開発と教授法の関係

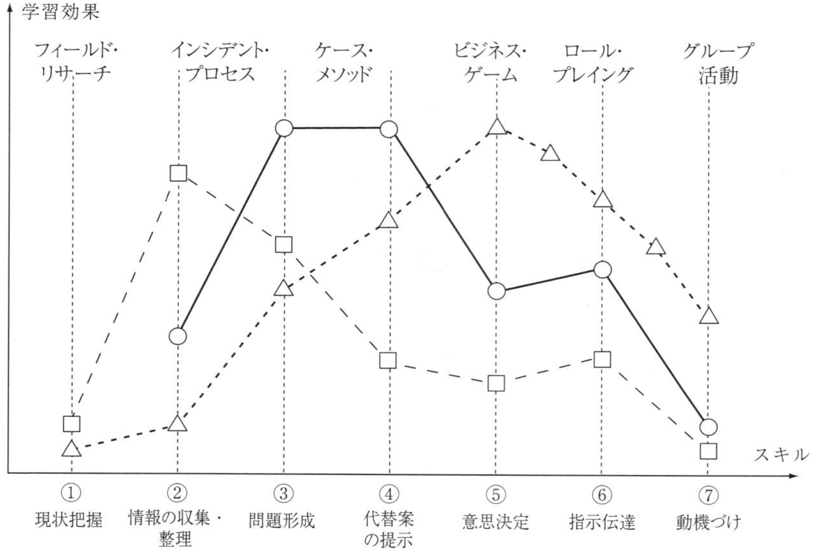

学習効果

| フィールド・リサーチ | インシデント・プロセス | ケース・メソッド | ビジネス・ゲーム | ロール・プレイング | グループ活動 |

① 現状把握　② 情報の収集・整理　③ 問題形成　④ 代替案の提示　⑤ 意思決定　⑥ 指示伝達　⑦ 動機づけ

スキル

注：□インシデント・プロセス　○ケース・メソッド　△ビジネス・ゲーム
出所：柴田・許斐『講座ビジネスゲーム1　入門編』p.39を修正[5]（原典　*Business Quarterly* 1967）

理に有用であるといわれている。これに，多くの先人たちの見解[6]を加えると，ケースメソッドを通じて，a) ビジネス・マインド（経営的に考える），b) 洞察する，c) 全体の視点（ビッグ・ピクチャー）で考える，d) 態度の変容をもたらす，e) 人の話しを聴く能力や説得する（コミュニケーション）能力が向上する，f) 組織における人間的側面（ヒューマン・リレーション）の重要性を理解する，g) 既存のツールやコンセプトを応用する，h) 新しい概念を展開する，などの学習効果をあげている。また，ビジネス・クォータリーの研究例では，「ビジネス・ゲームは，意思決定にその重点がある。すなわち，意思決定能力の開発には，ビジネス・ゲームが役立つというのではなく，「ビジネス・ゲーム」は意思決定能力の開発が他のスキルの開発以上に有効である」と述べている[7]。

　経営教育の目的はテクニカル・スキル，コンセプチュアル・スキルなどの習

得（あるいは涵養）にあるとされているが，柴田・許斐らによれば，それらのスキルはある程度判定できるという。スキルを評価する方法には自己評価，相互評価，外部評価があるが，彼らは，ビジネス・ゲームに参加した参加者の行動

図表 2.4　スキル観察用紙

ロール・ビヘイビア 公式職務（タクス，個人 etc）	氏　名
1. テクニカル・スキル 　　論理的分析 　　P/L を読む 　　B/S を読む 　　資金 　　予測 　　物的バランス 　　販売の分析 　　生産の分析	
2. ヒューマン・スキル 　　積極性・バイタリティ 　　口頭コミュニケーション 　　執着性 　　柔軟性 　　人間関係 　　リーダーシップ 　　説得力 　　他人の意見傾注 　　自信 　　参加の意欲	
3. コンセプチュアル・スキル 　　問題発見力 　　問題分析力 　　洞察力 　　統合力 　　構想力	
4. その他のスキル 　　計画組織力 　　情報収集力 　　独創性	

出所：柴田・許斐『講座ビジネスゲーム 2　応用編』p.45 を修正[8]

を観察・相互評価するために図表2.4のスキル観察用紙を用いている。

　個人のスキルを評価するヒューマン・アセスメントは，1950年代，AT＆T社のダグラス・W・ブレイ博士らによる管理者成長研究（管理者の潜在能力を客観的に発見する研究，Management Progress Study）が基礎となっている。1970年代，ブレイ博士とバイアム博士らが，DDI社（Development Dimensions International）を創設し，世界中に普及した。日本には，1973年DDI社と提携したMSC（マネジメント・サービス・センター）社が，客観的な人事評価・測定ツールとして紹介し，松下電器，大阪ガス，東京海上火災，積水化学，明治生命，日本生命などの企業が，能力診断の結果を昇進・昇格の参考用に導入している。また最近では，年功序列，終身雇用が崩れ，管理職のポスト不足に伴い，アセスメントは能力開発型から選抜型に重点が移っている。[9]

注

1) 中谷　彪・浪本勝年編『現代教育用語辞典』北樹出版，2003年，p.31
2) Robert L. Katz, "Skills of an Effective Administrator", *Harvard Business Review* (September-October 1974), pp.90-102.
3) 苅谷剛彦編『現代の高等教育②―キャンパスは変わる―』玉川大学出版部，1995年，p.67
4) J. M. Ivancevich, M. T. Matteson, *Organizational Behavior and Management*, 4th ed., Richard D. Irwin, 1996, p.60.
5) 柴田典男・許斐義信『講座ビジネスゲーム1　入門編　経営教育のためのビジネスゲーム』中央経済社，1977年，pp.26-29
6) 高木晴夫『ケースメソッドによる討論授業―価値観とスキル―』慶應義塾大学ビジネス・スクール，2000年
7) 柴田典男・許斐義信『ビジネス・ゲーム―そのねらいと進め方』慶應義塾大学ビジネス・スクール，2005年
8) 柴田典男・許斐義信『講座ビジネスゲーム2　応用編　組織診断のためのビジネスゲーム』中央経済社，1977年，pp.45-46
9) 元MSC社，古澤賢氏談，2007年8月

第3章　ケースをとおしての学習

(1) ケースの特徴と学習目標

　前述したように，ケースメソッドは，日々発生するさまざまな経営上の問題に対して有効に対処していくために，どのように思考して，解決策を創出していくか，という教育に適しているが，この点に関して，教育者の間で，広く受け入れられているブルームによる分類との関連でふれてみる。

　B.ブルーム（Bloom）は，学習目標を，① 知識（Knowledge），② 理解（Comprehension），③ 適用（Application），④ 分析（Analysis），⑤ 統合（Synthesis），⑥ 評価（Evaluation）の6段階に分類している（図表3.1）。

　最初の学習目標（知識）は，多くの教育学者が指摘しているように"知識の獲得"にある。財務諸表，会社の設立趣意書など，知識（第Ⅰ段階）は，ビジネス分野のみならず，すべての学習過程のなかで必要不可欠なものであるが，ケースメソッドの対象領域ではない。

　第Ⅱ段階の目標（理解）は，経営の仕組みや諸概念（例，コンセプト）を理解

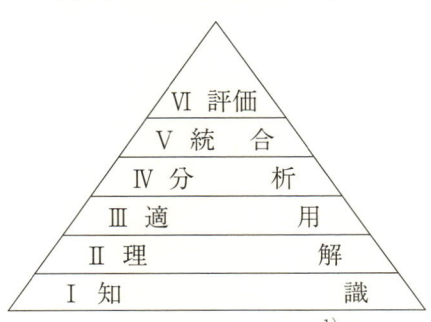

図表3.1　ブルームによる分類

```
        Ⅵ 評価
       Ⅴ 統  合
      Ⅳ 分   析
     Ⅲ 適      用
    Ⅱ 理         解
   Ⅰ 知            識
```

出所：Joseph Lowman, pp.195-196[1)]

することにある。この段階のケースは，比較的短文で，単一でかつ構造化された経営上の問題が記されたものになる。ケースに含まれるデータは，原因と結果の関係にハイライトした事実を中心に記され，経営上の諸概念を適用しやすい構成になっている。例えば，ケース例1は，ディズニーの海外市場に参入するショート・ケースであるが，学生に「国際経営」に関する基本的な知識があれば，海外経営の困難さを容易に理解できる。

ケース例1 「Disneyland Abroad」

ライセンシング方式で日本市場に参入し，大成功をおさめたディズニー社は，より多くのステークを獲得するため，合弁方式により，フランス・パリ郊外にユーロ・ディズニーをオープンした。しかし，当初首脳が期待していたような成果は得られなかった。

出所：John Daniel & Lee H. Radebaugh, pp.3-8 [2]

また，ケース例2は，マグレガーのX-Y型理論や，リッカートのリーダーシップの概念を理解していれば，ケース分析の助けになる。

ケース例2 「石川織物株式会社」

加藤（前）工場長の行動（X理論型）と従業員の行動（Y型理論型）および，加藤（現）取締役と横田（現）工場長のリーダーシップの相違が職場に与える影響を記してある。

出所：坂井・村本, pp.35-40 [3]

第Ⅲ段階の目標（適用）は，理論やツールを適用する能力を習得することにある。アメリカの教科書には，各章の終わりにケースが掲載されている。この段階のケースは，現実のビジネス全てが記してあるわけではないが，学生が取り組むべき問題が特定されている。ケース分析に必要なツールや計算手法は，テキストや補助ノートに掲載されているが，そのまま適用できる場合もあるし，できない場合もある。この段階のケースは，短文のケース（通常，7ページ以内プラス1ページ程度の資料）が多い。例えば，ケース例3は，「経営科学（あるい

はマネジリアル・エコノミックス)」に関連したケースである。学生は，既存設備から新設備への取替え，既存製品の在庫や新製品への切り替えのタイミングを考慮して，決定することが求められる。

ケース例3 「スターダスト・グラインダー会社」

同社首脳は，スチール製品の在庫を抱えたまま，プラスチック部品に切り換えるかどうか，またそのタイミングをどうするか，を決断することが求められている。

出所：慶應義塾大学ビジネス・スクール（以下KBS），p.19 [4)]

また，つぎのケース例4は，デシジョン・ツリーを適用する問題である。

ケース例4 「マクスウエル・ハウス・コーヒー」

1963年マクスウエル・ハウス社のプロダクト・マネージャーは，製品に"手で開けられる缶"をどのように利用するかを考えている。

出所：KBS，p.25 [4)]

以上，第Ⅰ段階から第Ⅲ段階までの目標は，知識の獲得とその理解，ツールの適用が中心になる。残りの第Ⅳ段階（分析）から第Ⅵ段階（評価）が，ケースメソッドの主たる領域である。

第Ⅳ段階の目標（分析）は，新たな状況に直面したとき，諸概念（コンセプト），知識，ツールを駆使して，経営上の諸問題を分析する能力（Analysis）を涵養することにある。この段階のケースは，複雑で，かつ非構造的な経営上の問題を，主に経営者あるいはマネージャーの視点で分析するように記されている。ケースには，諸問題に関連した事実やデータだけでなく，関連していない事実やデータも含まれている。それゆえ，学生は，主人公の立場で，問題に関連する情報をピックアップし，分析する。そして，何らか（おそらく複数）の基準に基づいて，解決策を示唆することになる（ケース例5）。

ケース例5 「日本ビックス」

1970年代後半，外資系企業日本ビックス社は，若者をターゲットとした商品"クレアラシル（にきびとり）"を導入し，大きな成果を得た。その4年後，売上は年々減少する傾向にあり，その打開策として，会社は広告キャンペーンを何度か実施した。しかし，消費者からの反応ははかばかしいものではなかった。この問題を巡り，プロダクト・マネージャー堀田と同社部門との間に厳しい意見の対立があった。同社幹部にどのような提案をするかが，マネージャーに求められている。

出所：Jeanet & Hennessey, pp.678-705[5]

第Ⅴ段階の目標（統合）は，複雑で，かつ非構造的な経営上の諸問題を，総合的に分析し，新たな解決案を作成し，そしてアクションする能力（問題解決力ともいう）を涵養することにある。この段階のケースは，直面する経営上の諸問題に対して，どのようなアクションをとるべきか，に記述の重点がおかれている（ケース例6）。ケースは，多くの事実やデータがいろいろな視点に基づいて記され，ときには主人公の判断も含まれる。

ケース例6 「ヨーロッパにおけるSEAT（Socitedad Espanola de Automoviles de Turismo）—生き残りをかけた戦略—」

SETAT社は，1950年スペイン政府の産業育成政策をもとに設立された自動車メーカーで，当初イタリアのフィアット社のライセンスをもとに3種類の車（コンパクト・中級下クラス・バンタイプ）を生産している。

しかしながら，1985年同社のヨーロッパ市場におけるマーケット・シェアは極端に低く，スペイン市場においても4位に甘んじている。輸出市場においても，アンゴラなど限定された市場にしか成功していない。このような状況下で，ヨーロッパ市場においてどのような市場浸透戦略が考えられるかが問われている。

出所：Saeed Samee, FDIB（South Carolina）配付ケース，1995[6]

第Ⅵ段階の目標（評価）は，チャールズ・グラッグが[7]，"英知は伝えることが出来ないが故に……"，と記したように，判断する能力（判断力）を涵養することにある。この段階の目標の1つに「態度の変容」が含まれる。例えば，学生はケース学習をとおして，自ら決定し，その結果に責任を負う，自己批判する，

率先して手本を示す,ある種の規範(倫理,ビジネス,社会)に基づいた行動を示す,などの学習効果が期待できる。この段階のケースは,解決策が見い出せそうもない問題が記されている。それゆえ,学生は自らの価値基準(あるいは価値前提)に基づいて,なんらかの判断を下さなければならない。また,ケースには,経営倫理的な問題を扱ったものも含まれる(ケース例7)。

ケース例7 「メイヤース&モリソン」

ボストン郊外にある会計事務所メイヤース&モリソンに,会計士補のステファン・アダムスが入所してきた。やがて,先輩から手取り足取り指導を受けたステファンは一人前の公認会計士として,働けるようになった。

ある日,モリソンはある顧客から,"お宅のステファンから「会計事務所を新たにオープンするので,引き続き顧客になっていただけないか」という趣旨の手紙が来た"という電話を受け取った。早速,モリソンはパートナーであるメイヤースに電話したが,メイヤースは在職中のステファンが顧客を勧誘しているとは,にわかに信じられなかった。

出所:William Naumes & Margaret Naumes, p.191 [8)]

図表3.2は,「ブルームによる学習目標とケースの特徴」を図示したものである。

『ケース記述 (Case description)』:ケースの特徴を記したものである。例えば学習目標が第Ⅱ・Ⅲ段階であれば,ビジネス上の問題を例示したケース,解決すべき問題が明らかな比較的短文のケースが中心である。

『データ次元 (Data Dimension)』:ケースに記されているデータは,問題に関連するものか,分析のために加工する必要があるものか,それともある特定人物(価値判断の入った)の意見なのか,に関するものである。第Ⅱ・第Ⅲ段階では,ケースに含まれるデータは,問題に関連した事実とその周辺の情報である。

『分析手法 (Analytical methods)』:ケース分析に必要なモデル・ツールに関するものである。第Ⅱ・第Ⅲ段階では,経営の諸理論やモデルが現実のビジネスに適用できるケース,が中心になる。

『価値次元 (Value Dimension)』:判断基準に関するものである。例えば,第

図表 3.2 学習目標とケースの特徴

段階	学習目標	ケース記述	データ次元	分析手法	価値次元
Ⅰ 知識 Knowledge	知識の獲得 記憶する	実際の経営を例示する	問題に関連し、構造化された記述	例示する	なし
Ⅱ 理解 Comprehension	諸概念に精通する	経営上の問題を例示する	原因と結果の関係にハイライトし、モデルを適用しやすく記述	例題を解く	所与 利益、費用最小
Ⅲ 適用 Application	特定ツールから一般的な原理原則を理解し、適用する	短く、現実的で構造化された解決すべき問題	問題に関連した事実を記述、必ずしもモデルを適用できるわけではない	モデルは提示されるが、使えるわけではない	所与 例 利益志向
Ⅳ 分析 Analysis	経営上の問題を分析するスキルの獲得	複雑で、非構造的な経営問題の一部を経営者の立場立って分析	問題に関連した事実だけでなく、非関連の事実も記述	どのような分析手法やモデルが使用可能か不明	複数の判断基準
Ⅴ 統合 Synthesis	総合的に経営上の問題を分析し、解決を図るスキル 問題解決力	アクションに重点をおいた問題	多くの事実がいろいろな視点に基づいて記述されているがケースの主人公の判断も含まれる	どのような分析手法を使うかは学生の選択に任されている	意思決定者
Ⅵ 評価 Evaluation	態度の変容をもたらす判断力 知恵の開発	複雑、現実的、非構造的な問題	上述部分プラス読者の価値判断が含まれる	これといった分析手法はない。どのように分析するかは学生が決定する	1) 意思決定者 利害関係者 2) 個人

出所：William Naumes & Margaret J. Naumes, pp.25-27,[8)] および John I. Reynolds, p.130[9)] を参考に作成

Ⅱや第Ⅲ段階であれば、学生は、利益の増加や費用の減少などの基準に基づいて判断することになる。第Ⅴ段階や第Ⅵ段階に達すると、どの基準に基づいて判断するかは、学生自身の価値基準に委ねられる。

"ケースメソッドは、第Ⅲ段階（適用）から第Ⅵ段階（評価）の学習目標を達成するために適した教授法である"と、ドーリーやスキナーは指摘しているが、[10)]

図表3.3　学習目標とケースメソッド教授法

レベル	ケースの適用	教師の話す割合(%)	教授法
Ⅵ 評価	A	5～10	討論型
Ⅴ 統合	A	10	
Ⅳ 分析	A	10	
Ⅲ 適用	B～C	30～70	
Ⅱ 理解	D	85	講義型
Ⅰ 知識	E	95	

ケースの適用：A=最適，B=適，C=普通，D=あまり適していない，E=不適

出所：Arch R. Dooley & Wickham Skinner, p.286 を参考に作成[10]

教授法も講義方式から討論方式に，そして教師の役割も変わる（図表3.3）。

(2) ケース教材の分類

前述したように，ケースメソッドは，日々発生するさまざまな経営上の問題に対して有効に対処していくために，どのように思考して，解決策を創出していくか，という学習目標に適した教授法であるが，"学習する"ための教材としてケース（あるいはケース・ティーチング・マテリアル）をどのように分類するかについては，ケース研究者の間に統一した見解はない。[11]

例えば，J. レイノルズ[12]は，ILO (International Labor Organization) むけ書物「能力開発におけるケースメソッド」のなかで，ケースを以下のように分類している。

① 問題中心あるいは意思決定のケース（Problem or decision cases）：
　　通常の意思決定のケース，すなわち学習者がケースを分析し，主要問題を解決するための代替案を考える。

② 評価のためのケース（Appraisal cases）：
　　ケースには，主人公がすでに決定した事項を記してある。その決定の適

否を学生が評価する。
③ 事例史あるいは経営史（Case histories）：
　　ケースには，その企業組織の成功要因（例，A 社がいかにしてコア・コンピタンスをつくりあげたか），あるいは失敗原因（例，鈴木商店の倒産）が記されている。
④ ケースに付随するノート（Note to company cases）：
　　ケースに補助的な情報を与える。

一方，イギリスのドナルド・シモンズ教授[13)]は，ケース・スタディーを以下の8つに分類している。
① エクササイズ・ケース（Exercise case study）：
　　学生に特定の問題を解かせる演習用ケース。
② 状況分析ケース（Situation case study）：
　　学生はケースに記されている状況（情報）を分析する。
③ 複雑なケース（Complex case study）：
　　状況が複雑で，大量のデータや情報が含まれている。
④ 意思決定ケース（Decision case study）：
　　問題解決のための実行計画を作成する。
⑤ イン・バスケット方式（In-basket case study）：
　　未決の決裁箱に入っている書類を決裁する。
⑥ インシデント・プロセス方式（Critical incident study）：
　　起こった出来事を解決するために必要な情報を集める。
⑦ 分割したケース（Action maze case study）：
　　ショート・ケースを読んで，学習者は次のステップではどうなるかを予想する。[14)]
⑧ ロール・プレイを伴うケース（Role Play case study）：
　　学生にある役割（ロール）を演じさせる。

この8区分のうち，①から④までは，「ケースの用途」である。また，⑤から⑧までは，ケースの変形である。

そこで，レイノルズ，およびシモンズのケース分類を参考にして，ケース教材を次のように分類する。

① エクササイズ・ケース
② 状況分析ケース
③ 意思決定ケース
④ バックグラウンド・ケース[15]
⑤ コンプレックス・ケース
⑥ （時）分割したケース
⑦ インシデント・プロセス方式
⑧ ロール・プレイングを伴うケース
⑨ イン・バスケット方式（あるいはイン・バスケット・ゲーム）
⑩ ノート（あるいはリサーチ・ノート）

つぎに，どのようなケースなのか，少し解説しておこう。

① **エクササイズ・ケース**

　インディアナ大学のケスナー教授の話しでは，「財務管理」および「管理会計」の授業では，「経営戦略」や「マーケティング」の授業と比べて，レクチャーの占める割合が高い，という[16]。これらの分野では，ときにはエクササイズ・ケースが使われる。例えば，「マネジリアル・エコノミックス（Managerial Economics）」では，回帰分析モデルを使って需要予測する。「財務管理」では，回収期間法，DCF（Discount Cash Flow）法などの手法を学習したあと，ケース「クライマックス水運会社（ケース例8）」に取り組む。また，ケース「スターダスト・グラインダー会社（ケース例9）」では，製造原価を決定に必要な原価に分離しなければならない。

ケース例8「クライマックス水運会社」

古い輸送用船舶をオーバーホールするか，それとも新型船に取り替えるかの問題。

ケース例9「スターダスト・グラインダー会社」

スチール製品の在庫を抱えたまま，プラスティック部品に切り換えるかどうか，またそのタイミングをどうするかという意思決定の経済評価が必要になる。

出所：KBS, p.29, 78 [4)]

② 状況分析ケース

　管理者が直面する状況は，現場が混沌としていたり，あるいは情報が錯綜していたりして，何が問題なのか，どこから，どのように取り組んでいいのかわからないことが多い。こうした状況を整理して，取り組むべきメイン・イシュー（主要な問題）を具体的に設定し，どこから，どのように取り組むべきかを明らかにするケースが「状況分析ケース」である。混沌とした状況を取り組む問題解決法として，アメリカの心理学者ケプナーと社会学者トレゴーによって開発されたKT（ケプナー・トレゴー）法がある[17)]。

　ケプナー＆トレゴーは問題解決のプロセスを，❶状況分析，❷原因分析，❸決定分析，❹リスク分析に分類している。❶状況分析（Situational Analysis）とは，どんな問題があって，どの問題から，どのように処理すべきかが問われる状況，❷原因分析（Causal Analysis）とは，なぜトラブルが起きたのか，どのように対処したらいいかが問われる状況，❸決定分析（Decision Analysis）とは，どの選択肢を選ぶのがベストかが問われる状況，❹リスク分析（Risk Analysis）とは，環境変化を踏まえて，将来の危険や不安にどう備えるかが問われる状況を分析する，という4つの領域に分けている（図表3.4）。

　このなかで，状況分析は，a）何が問題になっているのか，テーマを設定する，b）設定したテーマについて関心事を列挙してみる，c）関心事を分解して，具体的事実を確認する，d）関心事をどのようにして解決するかを明らかにする，e）どの課題から手をつけるか，優先順位をつける，f）課題設定の組み合わせを再チェックする，g）責任者やスケジュールなど行動計画を策定する，というプロセスを踏む。例えば，ケース「食中毒事故」では，食中毒が発生した状況を調べ，材料から最終製品までの過程で発生する可能性のある要因を，絞り

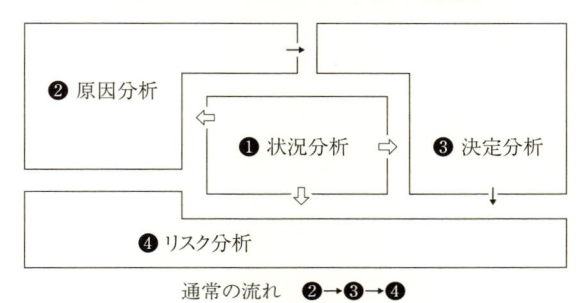

図表3.4　KT法4つの手順の相関図

```
        ┌─────────────────────────────────────┐
        │  ┌──────────────────────────┐       │
  ❷ 原因分析  ⇦  ❶ 状況分析  ⇨  ❸ 決定分析
        │         ⇩                           │
        │  ❹ リスク分析                       │
        └─────────────────────────────────────┘
```

通常の流れ　❷→❸→❹

出所：今井，p.212を参考に作成[18]

込む作業が学生に求められる。そして，保健所衛生課係長の立場で，どのような対応が考えられ，対処すべきかを検討する。

ケース例10　「食中毒事故」

1990年代後半博多保健所管轄である博多駅を中心とした半径5キロ以内の地域で，食中毒事故が連続して発生した。通報を受けた保健所衛生課のA係長らは早速現場に駆けつけた。その結果判明したことは，従来の食中毒事故とは異なり，食品衛生に積極的に取り組んできたホテルや料理店で発生したことであった。

出所：東京海洋大学ケース[19]

---

③　意思決定ケース

ロバート・アンソニー[20]は，企業組織の管理階層を基準にして，「戦略計画」，「経営管理」および「業務管理」という3つの管理活動に分類している。この分類は，組織における上級管理者と下級管理者とでは，管理活動あるいは意思決定活動の目的や対象が異なるとしている。一方H.サイモン[21]は，意思決定を定型的意思決定（Programmed decision）と非定型的意思決定（Non-programmed decision）という2つに分類している（図表3.5）。

図表 3.5　企業の管理階層と意思決定

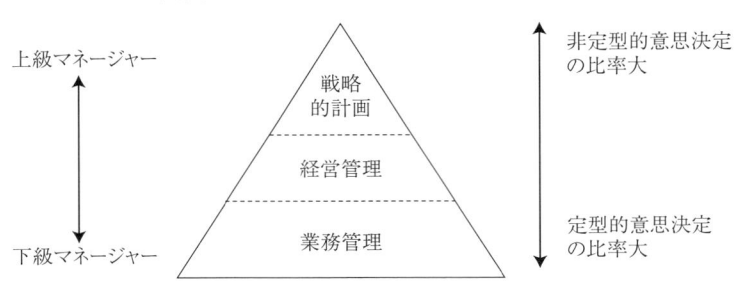

上級マネージャー　　　　　戦略的計画　　　　　　非定型的意思決定の比率大

　　　　　　　　　　　　　経営管理

下級マネージャー　　　　　業務管理　　　　　　　定型的意思決定の比率大

　業務管理（Operational control）は，企業組織における下位層の業務活動が効果的かつ効率的に行われているかに関するものである。この階層に属する管理者は一般に係長とか監督者と呼ばれ，彼らの行う大部分の決定はあらかじめ定められた手続き（プロシジャー）と決定ルールに基づいている。また，経営管理（Managerial control）は，企業組織の中位層である部門管理者によって遂行される。その主な活動は，業績測定，統制活動，下位層の要員に適用する決定ルールの作成，部門に割り当てられた経営資源の配分（人・物・金）などである。これら活動を計画し，実行し，統制するための意思決定が彼らによってなされる。一方，戦略的計画（Strategic planning）は，企業の目的を達成するために必要な戦略を策定する。その活動の内容は，組織目標の設定，利用可能な資源の獲得と配分などに関するものである。このなかには，中期計画や年間予算というような定期的・経常的なものも含まれるが，大部分の活動は不定期で非定型的な特質を備えている。意思決定に関するケースは，上記に述べた活動に関するものである。

　意思決定のケースに「ダッシュマン・カンパニー（ケース例11）」がある。このケースは，ショート・ケース（わずか2ページ）ではあるが「組織行動（Organizational Behavior）」で，最もよく使われたケースである。

第3章 ケースをとおしての学習　31

ケース例11　ダッシュマン・カンパニー

　第2次世界大戦が近づいている状況下，軍需品を製造している米国企業のケース。新たに購買担当者として着任したポスト氏は購入手続の改革を手掛けようとしている。その為，彼は地方に分散している工場の関係者全員に宛てて手紙の原稿を作成し，送付した。

出所：Paul R. Lawrence, Louis B. Barnes, Jay W. Lorsch, pp.3-4 [22)]

　また，「マーケティング」で使われているケースに「キリンビール（ケース例12）」がある。このケースは，「キリンビールA」，「キリンビールB」，「キリンビールC」と3つに分割されているが，「ケースA」は，アサヒのスーパードライ攻勢に対応を迫られたキリンの社長の立場に立って，その対応策を探るケースである。「ケースB」は，ケースAで選択した案を実行した結果とその対応がメイン・イシューになっている。「ケースC」は，悪化するドライビール市場に対して，キリンは現状維持政策を取るべきか，それとも打開策か，を検討する。

ケース例12　キリンビールA

　1987年キリンビール元山社長は，アサヒのドライビールに対応するために，いくつかの対応策―価格カットによる対応，ドライビールの投入，ラガービールの強化，モルツビール，あるいはピルスナービールの投入を考えていた。

出所：D. J. Dalrymble, L. J. Parsons & J. Jeannet, pp.252-274 [23)]

---

④　バックグラウンド・ケース（あるいはノート）

　ケース「SWATCH」[24)]は，厳しい国際競争（イミテーション時計，TimexとSEIKOによる攻勢）とイノベーション（アナログからディジタル化）に直面しているSWATCH社は，どのようなグローバル・マーケティング・プログラムを策定したらよいか，に関するものである。このケースを分析する際に，学生は当時の世界における時計業界の構造，技術やイノベーションに関するバックグラウンドを理解しておく必要がある。特定の業界に属するケースを分析する場

合，その業界に関する知識と理解が不可欠である。そこで，最初に特定の業界（産業分析など）に関するケースを学生に読ませ，理解させた後に，メイン・ケースに取り組ませる方が学習上効果的である。例えば，ケース例13は，1973年から1983年までの複写機業界のおかれている状況が記されている。このケースを学生は読み，競争力の低下した米国ゼロックス社の状況を理解したうえで，本ケース（ケース例14）でその対抗策を検討する。

ケース例13 「1983年における世界の複写機業界」

世界全域におよぶ複写機産業における，主として日米両国の企業間に見られる競争の展開を記述している。複写技術の変化，1983年における欧米市場での競争，1973年から1983年までの競争状況の変化がケースに示されている。

出所：KBS, p.170[4)]

ケース例14 「ゼロックス―顧客満足プログラム―」

1980年代後半米国ゼロックス社は，市場地位の向上を目標として顧客満足プログラムを最優先している。このゼロックスの顧客満足化プログラムを，顧客保証プログラムの選択を通じて検討する。

出所：KBS, p.147[4)]

この例に見られるように，複写機業界，医薬業界，ホテル業界など特定業界のケースを扱う場合，業界の特質（例，市場構造）や知識（例，取引慣行）を理解するためのケース，あるいは（補助）ノート（後述）が必要になる。

⑤ コンプレックス・ケース

マーケティングやプロダクションなど機能別分野に属するケースのほか，企業風土，社長のリーダーシップ，競争戦略など複数の分野から総合的に問題を分析することを目的としたケース，また，いくら読んでも問題の所在が明らかでなく，因果関係の解明にかなりの分析を要するケースを，コンプレックス・

ケースと呼んでいる。このタイプのケースには，実在の企業にまつわるエピソードがこと細かく記されているうえ，たいていは付属資料として財務諸表や組織図，あるいは業界に関する資料がついている。コンプレックス・ケースは，経営政策（Business Policy）あるいは経営戦略（Strategic Management），財務管理（Financial Managmenet），国際経営（International Business）などの分野に見受けられる。コンプレックス・ケースといえるかどうかを別として，インディアナ大学ケリー（Kelly）ビジネススクールでは，マーケティング，組織行動，会計・財務など，1年次前期コア科目を学習した後に，各知識を統合して分析するケースとして「アサヒビール株式会社」を用いている（ケース例15）。

ケース例15　「アサヒビール株式会社」

　1980年代後半，アサヒビールはスーパードライの大成功により，マーケット・シェアを一気に2倍に延ばした。アサヒはキリンの反撃を受けながら，今後いかなる戦略を実行していくかが問われている。

出所：Joseph L. Bower, et al., pp.130-151 [25]

　もう1つの複雑なケース例として，スウェーデンのIFL（Swedish Institute of Management）シュロッサー（Michel Schlosser）教授が開発したケースを例としてあげる（ケース例16）。

ケース例16　「BA International A」

　ケースAは産業用コンプレッサー（ピストン，ロータリー，ダイナミック）を製造販売しているBA International社（ドイツ系多国籍企業）は，近年下位市場の著しい伸びに注目し，新製品を投入すべきかどうかを検討している。BA社首脳は，この市場に参入すべきかどうかの決断を迫られている。

出所：Michel Schlosser, pp.353-374 [26]

　ケース「BA International A」では，学生は，産業構造やマーケット，さらに新製品開発のプロセスを学習したうえで，投入する資金・価格設定・売上予

測・費用予測・製造費用データをもとに，戦略的代替案をディシジョン・ツリー形式で表示し，Net Present Value 法による損益シミュレーションを行い，その結果を評価する。その後，ある代替案を選択した場合に，発生するかもしれないリスクを吟味したうえで，新製品を投入し，新市場に参入すべきかどうか，を最終的に判断する。

　続編であるケース「BA International B」は，ケース A で不足していたデータを追加し，投資期間，ロジスティックスと在庫，ディスカウント・レイト，カニバリゼイション，費用とボリューム（販売量／生産量）の関係，プロダクト・ライフサイクル，営業費用，競争環境，生産上のリスク，などの要因を加味して，ディシジョン・ツリーを使いいくつかの代替案（戦略案）をシミュレーションし，その後定性的な要因（含む市場構造，ターゲットとする顧客，BA 社の組織行動）の分析を行う。

　このケースは，「経営財務（Corporate Finance）」における資本予算（Capital Budgeting）および「経営戦略（Management Strategy）」に属するケースであるが，学生は単に財務モデルによる定量的アプローチだけでなく，いろいろな角度から状況を定性的に分析し，判断することの重要さを学ぶ。

⑥ （時）分割したケース

　現実の企業で発生する問題は，複雑に絡み合っているのが現状である。これに対する解決行動もさまざまであるが，これを単純化すると，a) 問題が発生したが，まだ問題を認識していない段階（KT 法では状況分析），b) 諸問題を認識し，情報を収集する段階，c) 主要問題を分析し，解決策を考える段階（KT 法では原因分析），d) 各種解決策を検討し，決定する段階（KT 法では決定分析），e) 実行計画を作成し，行動する段階（KT 法ではリスク分析），f) 行動した結果を評価する（あるいは過去の結果を振り返る段階），という流れにそって行われる。これら活動の一部分を教材にしたのがケースである。

　通常のケースでは，意思決定に必要な情報はすべてケースに記されている。しかしながら，現実の企業活動においては，問題の発生と同時に，必要な情報

が入手できるわけではない。そこで，前述したように問題の発生を認識する能力（問題発見能力）や，必要な情報を収集する能力（情報収集能力）を涵養するために，インシデント・プロセス（後述）が考案されている。

一方，全体のケースを時間の推移にそって，いくつかの部分にカットし，カットしたケース（各部分）も，それぞれ1つのケースとしての形態を備えた教育方法が考案された。このようなケースを，日本では「経過事例（海外では，シリーズ〔series〕ものという）」と呼んでいる（図表3.6）。

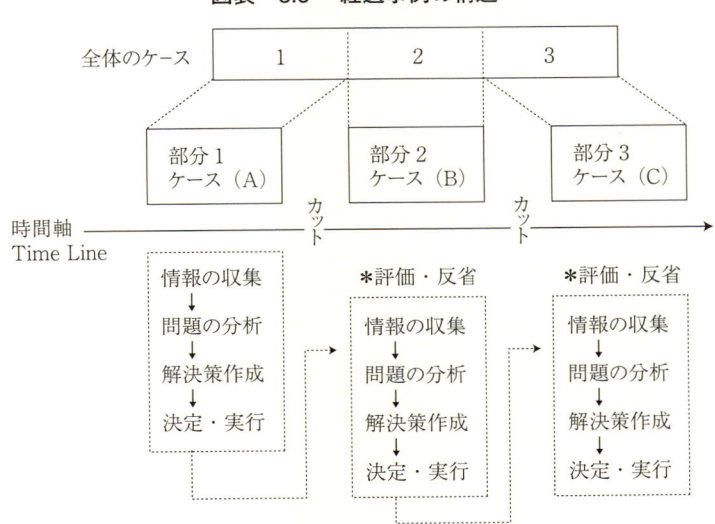

図表 3.6　経過事例の構造

```
全体のケース  | 1 | 2 | 3 |
                 ↓   ↓   ↓
            部分1   部分2   部分3
            ケース(A) ケース(B) ケース(C)
                    カット   カット
時間軸 ────────────────────────→
Time Line

情報の収集      *評価・反省        *評価・反省
  ↓           情報の収集         情報の収集
問題の分析        ↓                ↓
  ↓           問題の分析         問題の分析
解決策作成        ↓                ↓
  ↓           解決策作成         解決策作成
決定・実行        ↓                ↓
              決定・実行         決定・実行
```

注：＊印「評価・反省」は，学習者が前のケースで主人公が決定した結果を，次のケースで読み，評価あるいは反省することを意味する

出所：田代，p.131 を参考に作成[27]

なお，前述したケース「BA International A」「BA International B」やケース「キリンビール A」「キリンビール B」「キリンビール C」は「経過事例」のケースである。ここでは，「経過事例」のケース例として，KBS（Keio Business School）のスタッフが開発したケース「日本ミネチュアベアリング株

式会社（以下，ミネベア）」を紹介しよう。このケースは，以下のように5つのケースに分割されている。すなわち，(A) 創業期から1979年までの成長過程，(B・C・D) 企業の買収とその後の財務処理，(E) 海外進出した場合，国内工場との分業である（ケース例17）。

ケース例17 「日本ミネチュアベアリング㈱」

```
創業 ─────────── 1980年 ─────────────────────→ 時間軸
  創業から            買収とその後        海外進出
  成長過程（A）       （B），（C），（D）    （E）
```

　ケース（A）はミネベアが創設された時から，1979年までの成長過程，特にその特徴（買収と高橋社長）に焦点をあてている。

　ケース（B）は，1980年時点までに買収した上場子会社を吸収・合併すべきかどうかについて検討する。

　ケース（C）は，ミネベアが上場子会社を吸収・合併するにあたり，株式交換の方法について検討する。

　ケース（D）は，上場会社を吸収するにあたってとった手続きと，その後の対応を記してある。

　ケース（E）は，世界におけるベアリング需要落ち込みのなかで，新たにタイに進出することにしたミネベアは，増産体制を進めるべきか，それとも，切削工程からの一貫生産体制をとるべきか，それとも軽井沢製作所との分業体制をすすめるべきか，を検討する。

出所：KBS, p.107[4)]

---

⑦ インシデント・プロセス（方式）

　ケースには，問題分析あるいは解決に必要な情報がすべて最初からケースに記されている。しかし，実際の企業活動においては，問題の発生と同時に，その解決に必要な情報が，一度に意思決定者に提示されることはない。現実の企

業における問題解決は，発生した問題に関する情報の収集であり，情報の質および量のいかんが，問題解決の鍵を握っている。この点に着目して，インシデント・プロセス (Incident Process) は，ポール・ピゴース (Paul Pigors) によってケースメソッドの1つの形態として考案された。インシデント・プロセスは事前準備が不要で，事実の収集段階（第2段階）では，討議参加者（ディスカッション・メンバー）が積極的に質問せざるをえない状況におかれるため，討議参加者に参加意識を強くもたせることができる点に特徴がある。

ピゴースは，ケース分析を5段階に分割している。

　　第1段階（フェーズ1）　　インシデント（出来事）を調べる
　　第2段階（フェーズ2）　　事実に関する情報を収集する
　　第3段階（フェーズ3）　　応急的に処理すべき問題を設定する
　　第4段階（フェーズ4）　　意思決定とその理由
　　第5段階（フェーズ5）　　ケースから学んだこと

第1段階（インシデントの研究）：最初に，1ページ程度の短いインシデント（ミニ・ケース）を討論参加者に配り，現実に起こった出来事を理解させる。インシデント（巻末資料2参照）は，討議参加者に特定の問題に応えるように作成されている。

第2段階（事実に関する情報の収集と整理）：つぎに，インシデントの背後に含まれている事実関係について，討議参加者は討議リーダー（1つのケースを指導するリーダー）に質問し，問題解決に必要な情報を収集し，整理する。

　討議リーダーは，討議参加者が必要とする情報をもっており，質問したときに提供される。逆に，質問されない事項には答えない。つまり，討議参加者の質問は重要な事実 (Key Facts) を発見するための質問 (Fact finding)」である。

　討論参加者は，各自が与えられたインシデントをもとに，自ら必要と思われる情報を収集・整理し，ケース（含むインシデント）全体を書き上げようとする（図表3.7）。

図表 3.7 ケースの状況とインシデント

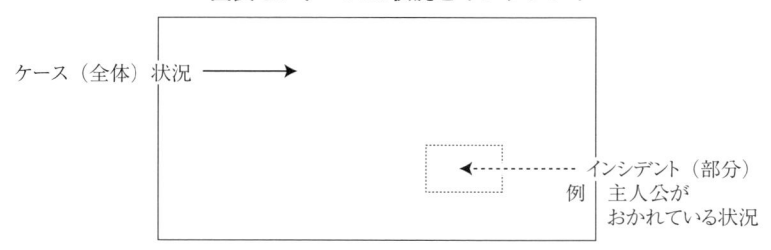

ケース（全体）状況 ──→

インシデント（部分）
例｜主人公が
　　おかれている状況

出所：Paul Pigors & Faith Pigors, p.121 [28)]

第3段階（今すぐに決定すべき問題の設定）：ここで，討論参加者はインシデントのなかから，「現時点で，何が緊急に処理すべき問題（Immediate issue）なのか」といった当面対処すべき問題に絞り，どのように対処していくのが適切かについて，その対処案を考える。

第4段階（解決策の検討と意思決定）：討議参加者は，問題点に関する解決策を検討し，その解決策とその理由を解答用紙に記述し，討議リーダーにわたす。

　討議リーダーは，討議参加者たちがまとめあげた解決策とその理由を分類し，類似の解決策を決定した解答者たちを，グループ分けする。

　グループ分けされた討議参加者たちは，グループ討議（あるいはグループ・ワーク）で，お互いの解決策について話し合い，その解決策の根拠を強化する。

　続いて，全体会議を開き，各グループが解決策を発表し，その後，討論が行われる。ときには，討論にかわり，ロール・プレイが行われることもある。

　そして，討議指導者はインシデントのなかの主人公が，実際に採った解決策を発表する。

第5段階（ケース全体から学びうる問題の検討）：この段階では，討論参加者はこのケースから何を学んだか，将来どのように活用するか，どこに自分たちの弱点があるのか，を全員で議論する。[29)]

以上の5つの段階を通じて，討議参加者は，情報を収集する価値や意義を体得すると同時に，問題を発見し，解決する能力を養う。

⑧ ロール・プレイング（あるいはプレイ）を伴うケース

ロール・プレイング（Role Playing）を伴うケース（日本では「行動事例」と称している）は，参加者がケースに記されている人物の役割を演じることによって，ケース・スタディーを進めていく方法である。[30]

企業における問題はケースで提示される。参加者は，与えられた情報（役割シートに記されている）をもとに，割り当てられた役割（Role）を演じる（Play）。

ケースは，以下のようにいくつかのシート類に分かれている。

① ケース本体 ………… ［参加者全員］に配付される共通部分で，通常のケースに記されている内容と同じ
② 役割シート ………… ［参加者各自］に役割を付与するために配付されるもの，あるいはコンフィデンシャル（秘密）部分
③ 追加ケース ………… ケース・スタディーが行われている間に，新しく追加される情報で，［参加者全員］に配付されるもの
④ 追加役割 …………… 新しい情報を［特定の参加者］に与えたり，役割を追加したりするもの
⑤ 教師向けシート …… 参加者に役割を与えるなど，指示事項

ロール・プレイを伴う例として，ケース例18「プロヴィデンス家具製造株式会社」をあげておく。

ケース例18 「プロヴィデンス家具製造株式会社」

1921年創立の同族経営の家具メーカー・プロヴィデンス社は，1971年までに，質の良い中級・上級ソファーや椅子を造る中堅メーカーに成長した。会社は生産能力を50%アップして，販売地域を拡大することを目指している。

一方，大手繊維メーカーDRA社は事業の多角化を求めて，プロヴィデンス社を吸収合併したいと，提案してきた。DRA社の売上はプロヴィデンス社の数百倍の規模である。

多角化した大手企業と小規模専業メーカーとの吸収合併に伴う諸問題をめぐり，さらなる大企業をめざす立場と，買収されてしまう企業の立場のそれぞれから，交渉が行われる。

出所：KBS, p.206 [4]

このケースでは、学生（プレイヤー）各人が、買収交渉の当事者の立場（プロヴィデンス側2名とDRA社3名）でロール・プレイしながら、企業での会議と交渉の場面が再現する（図表3.8）。

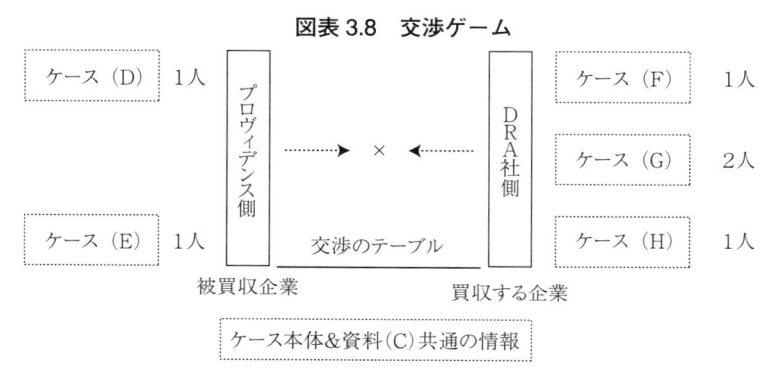

図表 3.8　交渉ゲーム

```
┌─────────┐        ┌─────────┐
│ ケース(D) │ 1人  プ         D │ ケース(F) │ 1人
└─────────┘      ロ         R └─────────┘
                 ヴ         A
                 ィ  ┄→×←┄ 社
┌─────────┐      デ         側 ┌─────────┐
│         │      ン            │ ケース(G) │ 2人
│         │      ス            │         │
└─────────┘      側            └─────────┘
                                
┌─────────┐                    ┌─────────┐
│ ケース(E) │ 1人   交渉のテーブル │ ケース(H) │ 1人
└─────────┘                    └─────────┘
             被買収企業        買収する企業

          ┌─────────────────────────┐
          │ ケース本体＆資料(C)共通の情報 │
          └─────────────────────────┘
```

注：点線で囲まれた部分は、役割シートおよびケース類を示す

ケースと並行して使われる付属資料に、「プロヴィデンス家具製造会社（C）資料」がある。この資料（共通）には、ロール・プレイに参加する者への指示事項（戦略、戦術）や、交渉結果の要約書などが含まれる。また、役割シート（D）および（E）は、被買収企業プロヴィデンス側プレイヤー2人の秘密情報が、役割シート（F）、（G）、（H）は、買収企業DRA社側プレイヤー4人の秘密情報が記されている。

⑨ イン・バスケット・ゲーム

通常、マネージャーのデスクには決裁箱がある。その片方には未決済の書類、報告書、メモ（20～30程度）などが、未決の決裁箱（イン・バスケット）に入っている。学生は管理職になったつもりで、ある限られた時間内（1時間から1時間半程度）に、決裁箱（バスケット）内の書類を処理し、それぞれに必要な決裁とアクションを行う。例えば、学生は、それらの未決の書類、報告書、メモを1つひとつ検討し、重要度、緊急度、影響度を考慮しながら、自ら決定を下し

たり，メモに返答する。また，部下に権限を委譲して，ある処理を任せることもある。ときには，書類をそのまま放置することもある。さらに，決定するまえに，必要な情報を集めようとしたり，上司に会ったり，部下とのミーティングをもったりする（図表3.9）。

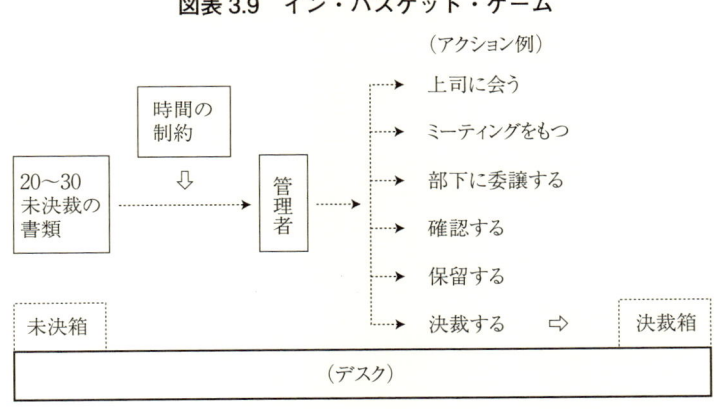

図表3.9　イン・バスケット・ゲーム

```
                                          （アクション例）
                    ┌──────┐
                    │時間の│
                    │制約  │              ──▶ 上司に会う
                    └──┬───┘
┌──────┐        ↓      ┌────┐          ──▶ ミーティングをもつ
│20～30│                │管  │
│未決裁│ ─────────▶    │理  │ ─────▶   ──▶ 部下に委譲する
│の書類│                │者  │
└──────┘                └────┘          ──▶ 確認する

                                          ──▶ 保留する

┌──────┐                                                    ┌──────┐
│未決箱│                                ──▶ 決裁する ⇨     │決裁箱│
└──────┘                                                    └──────┘
┌────────────────────────────────────────────────────────────────┐
│                           （デスク）                            │
└────────────────────────────────────────────────────────────────┘
```

　このゲームは，管理者の日常業務をシミュレーションしたものであり，管理者の評価（アセスメント）と選抜や，訓練を目的として開発されたものである。ただ，日本で使用する場合，管理者は自分だけで決裁できる事項は限られていること，またサインすれば決裁済という慣行もないことから，ケースは日本風にアレンジする必要がある。例えば，KBS版インバスケット・テスト，マネジメント・サービス・センター版インバスケット，リクルート版インバスケット，慶應産研版イン・バスケット・ゲームなどがそれである。[31]

⑩　**ノート（あるいはリサーチ・ノート）**

　ケースに付随する補助教材に，ノート（Notes to company cases）あるいはリサーチ・ノートがある。ノートの多くは，「学生（あるいは学習者）」向けに書かれたものが中心であるが，なかには「教師（インストラクター）」向けのもの

もある。

　学生向けノートは，① 基礎的な知識を解説したノート (Basic Notes)，② テクニカル・ノート (Technical Notes)，③ インダストリー・ノート (Industry Notes)，④ ケースメソッドに関するノート (Notes for Case Method)，⑤ その他のノートに分類できる。

　一方，教師向けノートは，⑥ 教育，教授法など (Notes for The Case Method of Instruction) に関するノートが中心である。

　これらノートをハーバード[32]，アイビー[33]，ECCH[34]，慶應ビジネス・スクール (KBS) のケース教材リストから，ピック・アップすると，以下のように分類できる。

① ベーシック・ノート
　　「会計学」:「インフレーション会計」KBS (Keio Business School の略，以下 KBS)
　　「財務管理」:「投資計画の経済性分析と税引後利益」KBS
　　「マネジリアル・エコノミックス」:「寡占競争下における最適戦略」KBS
　　「交渉学」:「中国人との交渉に関するノート」KBS
　　「組織行動」:「本社組織の発達と機能に関するノート」KBS

② テクニカル・ノート
　　:「ディシジョン・ツリー」「意思決定と選考理論」KBS
　　:「商品取引におけるヘッジングに関するテクニカル・ノート」KBS

③ インダストリー・ノート
　　:「日本の医薬品産業に関するノート」KBS

④ ケースメソッドに関するノート
　　:「A Note on Case Learning」[35]
　　:「Note on Case Analysis」[36]
　　:「Learning with Cases」[37]
　　:「Learning by the Case Method」[38]

:「Case Analysis in Managerial Accounting and Control」[39]
   :「Choreographing a Case Class」[40]
 ⑤ その他のノート（ビデオ教材・ゲームなど，学生に補助的情報を与えるもの）
   :「12人の怒れる男」KBS
   :「ビジネス・ゲーム解説書」KBS
 ⑥ ティーチングとケースメソッド
   :「Because Wisdom Can't be Told」[41]
   :「The Use of Cases in Management Education」[42]
   :「Hints for Case Teaching」[43]
   :「Learning by the case method in marketing」[44]
   :「Why I Use the Case Method to Teach Accounting」[45]
   :「Case Teaching at Harvard Business School : Some Advice for New Faculty」[46]
   :「Learning Marketing: A Case-Based Approach」[47]
   :「The Diverse Classroom: Teaching Challenges and Strategies」[48]

注

1) Joseph Lowman, *Mastering the techniques of Teaching*, JOSSEY-BASS, 1995, pp.195-196.
   ブルームの分類については，
   原典：Bloom, B. S. ed., *Taxonomy of Educational Objectives, Vol.1: Cognitive Domain*, New York, Longman, 1956. 参照。
2) John Daniel & Lee H. Radebaugh, *International Business: Environments and Operations*, 8th ed., Addison Wesley, 1994, pp.3-8.
3) 坂井正廣・村本芳郎『ケース・メソッドに学ぶ経営の基礎』白桃書房，1993年，pp.35-40
4) 慶應義塾大学ビジネス・スクール（KBS）『教材リスト』1994年，p.19, 25, 78, 107, 147, 170, 206
5) Jean-Pierre Jeannet & Hubert D. Hennessey, *Global Marketing Strategies*, Houghton Miffin, 1992, pp.678-705.
6) Saeed Samee, FDIB (Faculty Development Program in International Business,

University of South Carolina, Columbia) 資料，1995.
原点：Jordi Montana(ed), *Marketing in Europe: Case Studies*, Sage, 1994.

7) Charles I. Gragg, "Because Wisdom Can't be Told", in MacNair ed., *The Case Method at the Harvard Business School*, McGraw-Hill, 1954, p.11.

8) William Naumes & Margaret J. Naumes, "The Art & Craft of Case Writing: Second Edition", M. E. Sharpe, 2006, p.25-27, pp.191.

9) John I. Reynolds, "There is Method in Cases", *Academy of Management Review*, Jan, 1978.

10) Arch R. Dooley & Wickham Skinner, "Casing Case Method", *Academy of Management Review*, No.2, 1977, pp.277-287.

11) 例えば，Michael J. Roberts. "Developing a teaching case", HBS 9-900-001 参照．また，ウエスタン・オンタリオ大学のリンダースとエリスキーネ (Leenders & Erskine) らは，ケースをアナリティカル (Analytical)，コンセプチュアル (Conceptual)，プリゼンテーション (Material Presentation) という3つの次元に区分している。彼等はケースが，①問題を認識し，分析するケース (analytical) か，②概念形成力を求めるケース (conceptual) か，③情報を収集し，取捨選択するケース (material presentation) か，を念頭において，ケースがどの次元に重点において書かれているかを論じている。

12) John I. Reynolds, "Case method in management development", ILO, 1980, pp.73-80.

13) Donald D. Simmons, *Notes on the Case Study*, ECCH, 1974．および田代 空『事例研究』産業労働調査所，1979年，p.372
なお，イギリスではケースメソッドよりもケース・スタディーという方が一般的なようである。

14) ロンドン・ビジネススクールのドナルド・シモンズ教授の原文 (Notes on the Case Sutdy, ECCH, 1974) では，Action maze case study (行動迷路ケース) と書かれている。ケースはいくつかのサブ・ケースに分割されていることから，田代 空氏は，「経過事例」ではないかと推測している。ここでは，単に (時) 分割したケースとした。

15) John Heath, *TEACHING AND WRITING: Case studies A practical guide*, ECCH, 1997, pp.13-16.
なお，「Background case」は John Heath 氏の分類と思われる。

16) Id, Kesner 教授の講義資料，1996年授業 (Doctorial Teaching Seminar Ⅰ) のクラス

17) Kepner Charles H. & Benjamin B. Tregoe, *The Rational Manager: A Systematic Approach to Problem Solving and Decision Making*, McGraw-Hil, 1965.（上野一郎監訳『新・管理者の判断力―ラショナル・マネジャー』産能大学出版部，1985

第3章　ケースをとおしての学習　45

年）
18) 今井繁之『意思決定の思考法』日本実業出版社，1994年，p.212
19) 東京海洋大学所有。ケース「食中毒事故」は，1997年から1998年にかけて管内多発した食中毒事故に対して，福岡市博多保険所の取組みを記してある。
20) Robert N. Anthony, *Planing and Control Systems: A Framewoks for Analysis*, Division of Research, Harvard University Press 1965.
（邦訳：高橋吉之助訳『経営管理システムの基礎』ダイヤモンド社，1968年）
21) Herbert A. Simon, *The New Science of Managerial Decisions*, Prentice-Hall, 1964.（宮城浩裕訳『コンピュータと経営』日本生産性本部，1969年，p.14）
22) Paul R. Lawrence, Louis B. Barnes, Jay W. Lorsch, *Organizational Behavior and Administration*, Richard D. Irwin, 1976, pp.3-4.
23) Dalrymple, Douglas J., L. Parsons, Leonard J. Jeannet, Jean-Piere, *Cases in Marketing Management*, John Wiley & Sons Inc, 1992, pp.252-274.
24) Kamaran Kashani, *Managing Global Marketing: Cases and Text*, PWS-KENT, 1992, pp.329-376.
25) Joseph. L. Bower, Christopher A. Bartlett, Hugo E.R. Uyterhoven, Richard E. Walton, *Business Policy*, 8th ed., Irwin, 1995.
なお，1996年インディアナ大学では，Organizational Behavior（組織行動）の担当教員を中心に，マーケティングと管理会計の計3人がこのケースを担当していた（Co-Teaching）。
26) Michel, Schlosser, *Corporate Finance: A model-building Approach*, Prentice Hall, 1989, pp.353-374.
27) 田代　空『事例研究』産業労働調査所，1979年，p.131
28) Paul Pigors & Faith Pigors, *Director's Manual The Incidnt Process Case Studies in Management Development, Practical Supervisory Problems SERIES I*, The Bureau of National Affairs, Washington, D.C, p.121.
（菅　祝四郎訳『インシデント・プロセス』産能大出版部，1985年）
29) 坂井正廣・吉田優治監修ケースメソッド研究会『創造するマネージャー』白桃書房，1997年，p.5
30) 鈴木伸一『研修技法』産業労働調査所，1984年，pp.176-177
31) 槙田　仁『管理能力開発のためのインバスケット・ゲーム』金子書房，1998年，pp.57-68
32) Harvard Business School Publishing, "Catalog of Teaching Materials 1997-1998".
33) Richard IVEY Business School, "Case Catalog 1999".
34) ECCH（European Case Clearing House の略），Case Collecion.
35) Raymond. R. Corey, "A Note on Case Learning" HBS (Harvard Business School), No.9-899-105.

36) John Haywood-Farmer, "Note on Case Analysis", IVEY, No.9A81L002.
37) Thomas V.Bonoma, "Learning with Cases", HBS, No.9-589-080.
38) Johns S. Hammond, "Learning by the Case Method", HBS, No.9-376-241.
39) Richard Mimick, "Case Analysis in Managerial Accounting and Control", IVEY, No.9A83B035.
40) V. Kasturi Rangan, "Choreographing a Case Class" HBS, 9-595-074.
41) Charles I. Gragg, "Because Wisdom Can't be Told", HBS, No.9-451-005.
42) Raymond. R. Corey, "The Use of Cases in Management Education", HBS, No.9-376-240.
43) Benson P. Shapiro, "Hints for Case Teaching", ECCH, No.9-585-012.
44) Thomas V. Bonoma, "Learning by the case method in marketing", HBS, No.9-590-008.
45) William J. Bruns, "Why I Use the Case Method to Teach Accounting", HBS, No.9-193-177.
46) Lynda M. Applegate, "Case Teaching at Harvard Business School: Some Advice for New Faculty", HBS, No.9-189-062.
47) Thomas V. Bonoma, "Learning Marketing: A Case-Based Approach", ECCH, No.9-588-017.
48) Mary C. Gentile, "The Diverse Classroom: Teaching Challenges and Strategies", HBS, No.9-393-134.

第4章　ケース学習のプロセス

ケースメソッドでは，その学習効果を高めるために，以下の学習プロセスを設けている（図表4.1）。

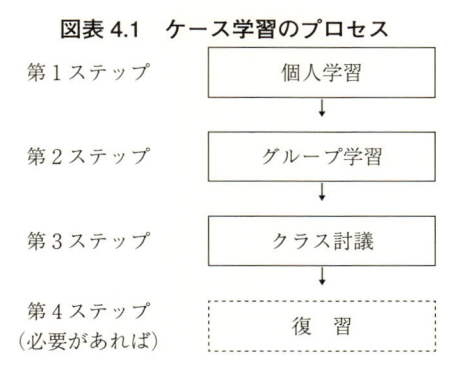

図表4.1　ケース学習のプロセス

第1ステップ	個人学習
第2ステップ	グループ学習
第3ステップ	クラス討議
第4ステップ（必要があれば）	復習

(1) 第1ステップ（個人学習の段階）

通常，授業は月曜日から始まるが，次週の授業で使われるケースやその他の教材は，その週の木曜日の午後，学生に配付される。受け取った学生（あるいは学習者）は，副教材（テキストや論文）を参考に，アサインされた設問を念頭において，ケースの冒頭段落（オープニング・パラグラフ）と最終段落（ラスト・パラグラフ）を中心に一読し，ケースに記されている事柄のなかから，企業がおかれている状況は？　どのような事件か？　など，ケースの概観を自分なりに把握するよう努める。その際，巻末に資料がついている場合には，組織図や数字（企業業績など）などに目をとおしながら，使えそうなデータをマーカーでなぞる（図表4.2）。

図表 4.2　ケースの概要を把握する

ステップ a	冒頭段落と最終段落を読む
ステップ b	主人公はだれか？ 5W2H（Who, What, When, Where, Why, How, How much）を念頭におく
ステップ c	ケースの付属資料に目をとおす
ステップ d	ケース本体に大雑把に目をとおす
ステップ e	設問を読む

出所：L. A. Mauffette-Leenders, J. A. Erskine, M. R. Leenders, p.34 を修正[1)]

つぎに，ケースに書かれているメイン・イシュー（主要な論点・争点）と思われる部分を中心にメモを取りながら，丹念に読みとおす。最後に，ケースのメイン・イシューに焦点をあて，自分なりの答え（解決策など）を見い出すため，ケースに書かれている情報や，学生自身が理解している知識・経験やコンセプトなりを駆使して分析する（図表4.3）。

図表 4.3　ケースを分析し，解決する

パート 1	ケースを精読する
パート 2	問題を解決するプロセス
ステップ a	なにがメイン・イシューか？
ステップ b	ケースに書かれているデータを分析する
ステップ c	代替案を創出する
ステップ d	決定のための判断基準を選ぶ
ステップ e	代替案を評価し，評価する
ステップ f	好ましいと思われる案を選ぶ
ステップ g	実行とリスクを考慮にいれた案を計画する

出所：L. A. Mauffette-Leenders, J. A. Erskine, M. R. Leenders, p.34 を修正[1)]

学生各自が試みた分析結果や解決策は，各個人の経験や考えを反映したものある。そこで，これらを持ち寄り，学生同士相協力して解決策を考えるのが次のステップ（グループ学習）である。

そこで，例題として，ケース「ネスレ社国際マーケティング」を取り上げる。

最初のプロセス，すなわちケース概要を把握するために，ケースに記されているタイトルおよびサブ・タイトルを書き出してみると，①冒頭段落（Ⅰ序章），②本文（Ⅱネスレ社の歴史と業績，Ⅲネスレ社の組織，Ⅳ製品系列とマーケティング・サービス，Ⅴ標準化論争，Ⅵ標準化論争点），③最終段落（Ⅶ結論），④資料（Ⅷ組織図など）より構成されている（図表4.4）。

図表4.4 ケース例19「ネスレ社」のアウトラインⅠ

Ⅰ　序章（冒頭段落）
Ⅱ　ネスレ社の歴史と業績（本文）
Ⅲ　ネスレ社の組織
　　A　海外組織
　　B　地域マネージャー
　　C　本社（センター）
Ⅳ　製品系列とマーケティング・サービス
　　A　概観
　　B　製品政策
　　　1. 製品政策と戦略
　　　2. 製品イノベーションと新製品開発
　　　3. 製品開発分野
　　　4. ブランド政策
　　　5. 知識と経験の移転
　　　6. 人材開発
　　　7. サポート体制
　　C　マーケティング・サービス
Ⅴ　標準化論争
　　A　センターの役割
　　B　カルチャー要因と技術要因
Ⅵ　標準化論争点（2つの例）
　　A　マギー製品系列
　　B　メキシコと南アメリカにおける広告
　　C　食品サンプル
Ⅶ　結論（最終段落）
Ⅷ　資料（組織図・売上・サンプル食品・広告など）

出所：Robert D.Buzzell, John A. Quelch, Christopher A. Bartlette, pp.423-454 [2]

ケースをより構造化すると，①冒頭の段落には，主人公（マーケティング担

当重役の補佐）が直面しているイシュー（論争点）が記されている。② 本文には，ネスレ社の背景（歴史と業績），同社の組織構造，続いて論争点となる特定の分野（製品とマーケティング），そして論争点（海外における政策）とセンターの役割が記されている。③ 最終段落には，本社が海外市場における製品とマーケティング政策にどの程度関与すべきか，が記されている（図表4.5）。

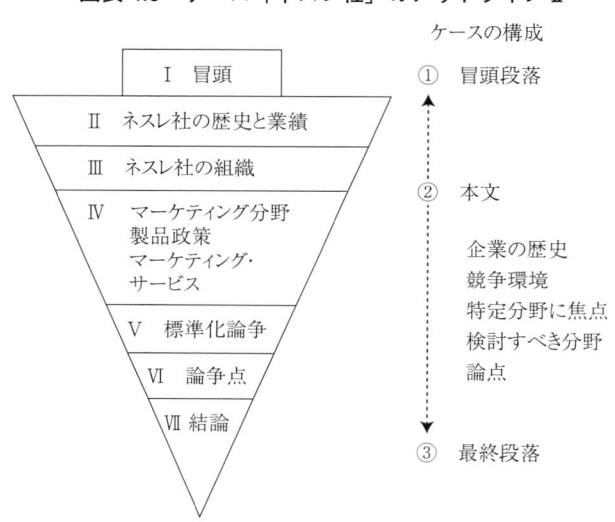

図表4.5　ケース「ネスレ社」のアウトラインⅡ

```
                                              ケースの構成
         Ⅰ  冒頭                           ① 冒頭段落
       Ⅱ ネスレ社の歴史と業績
        Ⅲ ネスレ社の組織
         Ⅳ マーケティング分野              ② 本文
            製品政策
            マーケティング・                   企業の歴史
            サービス                          競争環境
           Ⅴ 標準化論争                      特定分野に焦点
            Ⅵ 論争点                         検討すべき分野
             Ⅶ 結論                          論点

                                            ③ 最終段落
```

　ケースのアウトラインⅡ（図表4.5）から，学生は，製品政策と標準化論争に焦点を絞って調べていけばよい，とわかる。ケースには，いくつかの論争点が記されている。すなわち，① 本社は，機能別組織（財務・生産），マーケティング・ミックス（製品のポジショニング），各地域組織（業績・地域特性），製品（経済性・食文化）分野において，どの程度の標準化あるいは分権化が適切か？　② 子会社のマーケティング活動を殺さずに，グローバル・マーケティングの構築は可能か？　③ 新製品の開発（R&D）と市場導入におけるリスクは？　④ マギー製品とメキシコおよび南アメリカにおけるセンターの役割

は？ などである。これらの論争点を学生は、主人公の立場で分析する。

(2) 第2ステップ（グループ学習）

　第2のステップでは、5～6名をグループ単位として、いくつかのグループに分かれ、グループ学習（あるいは討議）を行う。第1ステップでそれぞれ各学生が予習してきた成果をもち寄り、各グループ内でその日クラスで使用するケースについて、各学生の分析を検討しあう。ケースのなかの、一人で分析したときはわからなかった点がグループ討議において明らかになり、分析の不備なところ、非論理的な部分がクラスメイトの指摘によって改善されたり、アクション・プランに対する反対意見もある程度予想できる、などの学習効果が期待できる。したがって、学生はクラス討論がどのように展開されるであろうか、という期待をもって、クラス討議に参加し、発言しようという気持ちになる[3]。
　以上の過程を経て、第3ステップに進む。

(3) 第3ステップ（クラス討議）

　第3ステップは、参加者全員が教室に集合して行うクラス討議の段階である。クラス討議は、参加者全員がケースのなかのメイン・イシュー（主要な問題）の解決に向かって共同作業する場である。したがって、各参加者がクラスという集団に対して協力する態度を忘れてはならない。一般的に、参加者は異なる経験をもった者が多いほどよい、といわれている。それは、イシュー（問題）に対するアプローチがさまざまな角度から行われることになって、討議による学習効果を高めるからである。
　通常のケース学習では、以上の学習プロセスで終了するが、次のステップである復習（含むケース・レポートなど）を薦める教師もいる。

(4) 第4ステップ（復習）

　第4ステップは、復習の段階である。ビジネス・スクールの場合、一日2つないし3つのケースと関連する論文（ハーバード・ビジネス・レビューなど）を

読み,分析することになるので,クラス終了後その日になされた論点,学んだことを整理する余裕などまずない。しかしながら,ケース終了後,時間的な余裕がある場合,学生はその日のケースから学んだこと,ケースで議論した論点を持参したノートに書き加えたり,疑問点を書き留めておくとよいだろう。また,教師の立場からいえば,経営幹部向けプログラムや,非(ノン)ケースメソッド環境下で,ケースメソッド授業を実施した場合,参加者にその日の論点を整理させたり,レポートを課したりすることは,学習効果を高めるうえで有効である。

図表4.6は,上記「学習のステップと学習効果」の関係を表している。すなわち,第1ステップ(個人研究)から第2ステップ(グループ学習)へ,次に第3ステップ(クラス討論)へ,最後に第4ステップ(復習)へと,そのステップを経るに連れて,学習効果があがっていく様子を表している。

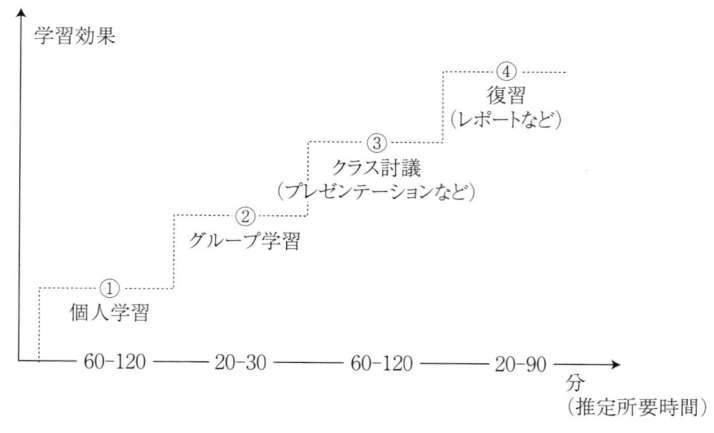

図表4.6　学習のステップと学習効果

（縦軸：学習効果　横軸：分（推定所要時間））
① 個人学習
② グループ学習
③ クラス討議（プレゼンテーションなど）
④ 復習（レポートなど）

60-120 ── 20-30 ── 60-120 ── 20-90

出所：L. A. Mauffette-Leenders, J. A. Erskine, M. R. Leenders, p.110 を修正[1]

注

1) L. A. Mauffette-Leenders, J. A. Erskine, M. R. Leenders, *Teaching with Cases*, 3rd ed., IVEY, 1994, p.34, p.110.

2) Robert D. Buzzell, John A. Quelch, Christopher A. Bartlette, *Global Marketing Management: cases and readings*, 3rd ed., Addison Wesley, 1994, pp.423-454.
3) 高橋吉之助「ケースメソッドについて」慶應義塾大学ビジネス・スクール，p.6

第5章　個人学習の段階

　前述したように個人学習の段階で，学生が分析すべきプロセスを「意思決定」のケースを例にして，ここでは解説する（図表5.1）。

図表5.1　ケース・スタディーのプロセス

第1ステップ	a) 最初は，ケースを一読する
	↓
	b) 次に，ケースを精読する
	↓
第2ステップ	メイン・イシューに焦点をあてる
	↓
第3ステップ	a) メイン・イシューを分析する b) 必要があれば，仮説を立てる
	↓
第4ステップ	複数の解決案を出し，評価する
	↓
第5ステップ	最もよいと思われる案を決める

(1) 問題点の発見と整理

　最初の段階（第1ステップ）は，ケースに記されている企業がおかれている状況や，職場で直面している状況を把握する段階である。コンプレックス・ケースでは，状況が混沌としていて，いろいろな問題が複雑に絡み合い，どこから，どのように取り組んだらよいかわからない。このような状況を解きほぐし，処理しやすい単位に整理したり，問題点に分けたり，優先順位をつけたりする作

業が必要になる。

　それゆえ，学生は配付されたケース全体を読み，そのなかでメイン・テーマ（題目）となるイシュー（問題）や課題は，一体なに（What）か？，いつ（When），どこ（Where）で，どのような出来事（Incident）が起こったか？，そして起こった出来事に対して，どのように（How）に人々（Who）は対処したか？，など関連する事実（Facts）を把握し，整理する。さらに，ケースのなかで現れる人々に関する事実，例えば，ケースにおける主人公はだれ（Who）か，そして主人公はどのような立場（Title & Position，役職名）におかれている人物（Character）かなどを確認する作業を行う。その際，ケースで記されている問題点を整理していくのに，図表5.2のようなシートを使うと便利である。

図表 5.2　問題点整理シート

```
Who（だれが）              名前＿＿＿＿　Position（立場）＿＿＿＿

Issue（中心的問題，論争点）
What（なにが）
When（いつ）
Where（どこで）
Why（なぜ）
How（どのように）
How much（どの程度）
　あるいは Extent
```

　学生は，ケースを読み，そのなかで，頭に浮かんだ関心事，例えば，ある地域における売上の落ち込み，退職者の増加，本店と支店間のコンフリクト，などを取りあえず書き出したり，サインペンでなぞってみる。関心事には，ケースに記されている現状の問題点に限定せず，将来に対する懸念や機会損失に関するものも含まれる。

　つぎに，ケースの表面に現れている諸問題あるいは問題点（総称して問題という）は，一般的でかつ大雑把な問題としてしかとらえられないことがある。このままでは，これらの問題にどのように取り組んだらよいかわからないので，

主な関心事がどのような状況を意味しているのか，ケースに記されている事実や付属資料のなかから，関連する記録を抜き出してみる。また，主要な関心事が多くの事実を包括している場合には，管理可能な単位に分離する。

(2) イシュー・アナリシス

　第 2 ステップは，ケースに記されている関心事や問題のなかで，解決すべき主要な（あるいは中心的）問題を明らかにする段階である。問題について，ケプナー博士とトレゴー博士は『ラショナル・マネージャー問題解決と意思決定のためのシステマティック・アプローチ』のなかで，次のように定義している。「問題とはあるべき姿（should）からの逸脱であり，何らかの対策をうたなくてはいけない状況」である（図表 5.3）。いいかえれば，「期待される結果（ないしは予想される状態）とのギャップがある」ことをいう。

図表 5.3　問題とは

あるべき姿（should）	例　目標　望ましい状態　期待される結果
⇧	
差　異（Gap）	⇨　問題（イシュー）　と認識する
⇩	
現　状（actual）	例　実績　予想される状態　予期しない結果

出所：Kepner & Tregoe, p.38 を参考に作成[1]

　また，図表 5.4 に記されている問題は，過去のある時点（t-1）から現時点（t）において，ギャップ（例えば，実績が目標に達していない状況）が存在する状態を示している。このような問題（発生型の問題）の場合，あるべき姿（例，販売目標）と現状（例，販売実績）とのギャップを埋めるための方策（問題解決）は，2 つの方向で考えることができる。第 1 は，現状をあるべき姿（達成すべき目標）に近づける方向である。第 2 は，あるべき姿をレベル・ダウンして現状に近づける

方向である。

　通常企業では，一度年度計画なりで設定した目標を途中で変えることはあまりないが，何らかの要因（例，2007年の新潟県中越沖地震）で目標（例，電子部品の生産）達成が困難になった場合，当初の目標を変更することになる。

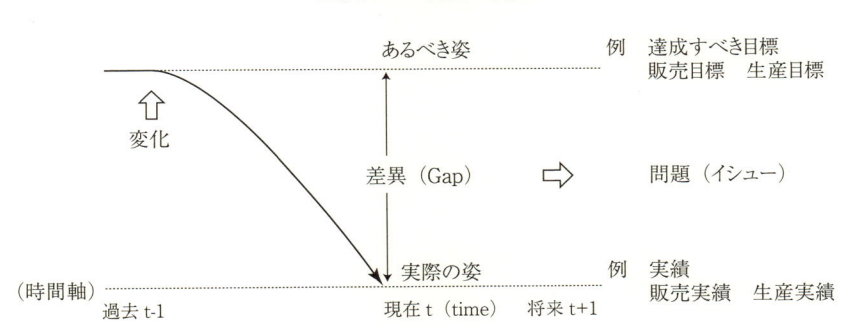

図表 5.4　現在の問題

```
                        あるべき姿         例  達成すべき目標
         ⇧                ↑                  販売目標  生産目標
        変化              差異（Gap） ⇨    問題（イシュー）
                          ↓
                        実際の姿           例  実績
（時間軸）                                     販売実績  生産実績
        過去 t-1        現在 t（time）  将来 t+1
```

出所：Kepner & Tregoe, p.20 を参考に作成[1]

　ここで，注意しなければならないことは，図表5.5の問題に見られるように，現状（t）を将来（t + 1）のあるべき姿にレベル・アップする第3の方向が考えられる。すなわち，すでに設定された目標（例，アイスクリームの生産目標）なりが，何らかの要因（例，猛暑）で実績が上回る場合がある。このような問題（設定型の問題）に直面した場合，現状（例，既存の生産目標）を変更して，新しい目標を設定し，新目標を到達するための手段（例，生産計画の変更）を考えることである。

　このほか，企業の将来にとって，機会（Opportunities）や脅威（Threat）も問題となる。この場合，かりに現在の時点で「将来，問題になるだろう」と認識されたとしても，現実には何も起こっているわけではない。そして，「現在は，何の手を打つ必要はない」と判断するかもしれない。しかし，このまま放置していたならば，近い将来大きな主要な問題（メイン・イシュー）になる可能性がある。「脅威」は，技術革新によってもたらされることもあるし，「機会」

図表 5.5　将来の問題

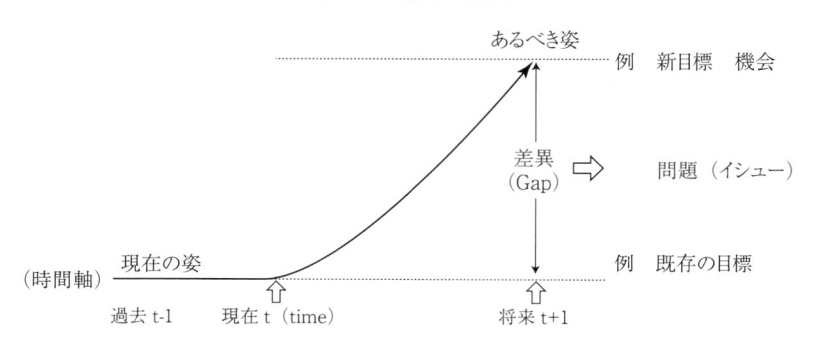

```
                                あるべき姿
                        ／ ‥‥‥‥‥‥‥‥‥‥　例　新目標　機会
                      ／↑
                     ／ │
                   ／  差異
                 ／   (Gap)  ⇒  問題（イシュー）
               ／     │
             ／       ↓
（時間軸） 現在の姿‥‥‥‥‥‥‥‥‥‥‥‥　例　既存の目標
              ⇑              ⇑
          過去 t-1  現在 t（time）  将来 t+1
```

は，規制緩和によって新たなビジネス・チャンスが生まれることもある。このように，企業の将来を考え，現状を変革する必要が生じた場合，あるいは現状に満足できない場合には，新たにあるべき姿（例，新目標）を設定する必要が生じる。かりに，企業が新たな目標を設定した場合，当然，現状（t）と将来（t + 1）との間にギャップが生じる。そして，そのギャップを縮小するための手段や方策を考案することが，担当者に求められる。

　図表 5.6 は，現在の問題，将来の問題，機会と脅威との関係を整理し，図示したものである。

図表 5.6　問題，機会と脅威との関係

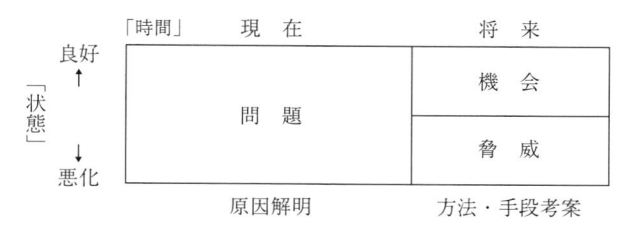

```
          「時間」　現　在　　　将　来
    良好 ↑    ┌─────────┬─────────┐
         │   │         │  機　会  │
 「状態」 │   │  問　題  ├─────────┤
         ↓   │         │  脅　威  │
    悪化     └─────────┴─────────┘
              原因解明    方法・手段考案
```

出所：Geoff Easton, p.70[2)]

以上のように諸問題は、現在の問題、将来の問題などいろいろな視点で区分できるが、学生はまず主人公の立場に立ち、おかれている状況のもとで、取り組むべき中心的問題（メイン・イシュー）はなにか、を見分けることである。主要な問題を認識したら、問題に関する情報を整理し、問題の所在を明らかにする作業に入る。

ところで、イシュー（問題）は、応急的に処理すべき問題（Immediate Issue）と、解決に時間がかかっても、起きた原因を解明し、その原因を除去しなければならない基本的な問題（Basic Issue）とに分けられる（図表 5.7）。

図表 5.7 イシュー（問題）の分類

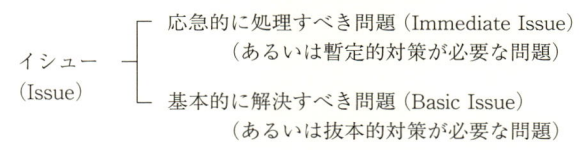

```
                ┌─ 応急的に処理すべき問題（Immediate Issue）
                │  （あるいは暫定的対策が必要な問題）
   イシュー ────┤
   （Issue）    │
                └─ 基本的に解決すべき問題（Basic Issue）
                   （あるいは抜本的対策が必要な問題）
```

例えば、2001年9月11日、ニューヨーク貿易センタービル被災に見舞われたある企業の例を考えてみよう。被災にあった日本企業の本社総務部長の立場に立って考えてみる。まず、現地社員の安否を確かめる、現地との通信手段を確保する、現地の事務所の被害状況を把握する、企業への影響を調べる、などは緊急課題である。これに対して、企業に事故あるいは災害対策マニュアルが完備されていなかった場合、これら対策本部設置要領規定の改訂は、基本的に解決すべき問題である。

通常、ケースに記されているイシューには、解決すべき複数のイシューが存在する。また、1つのイシューには複数の解決策が考えられる。つまり、イシューと解決策とは必ずしも1対1の関係にあるわけではない。学生は、このことを心の片隅にいれて、課題に取り組むことである。

一般的に，イシューと解決策との間には，図表5.8のように3つの組み合わせが考えられる。

図表 5.8　イシュー（問題）と解決策

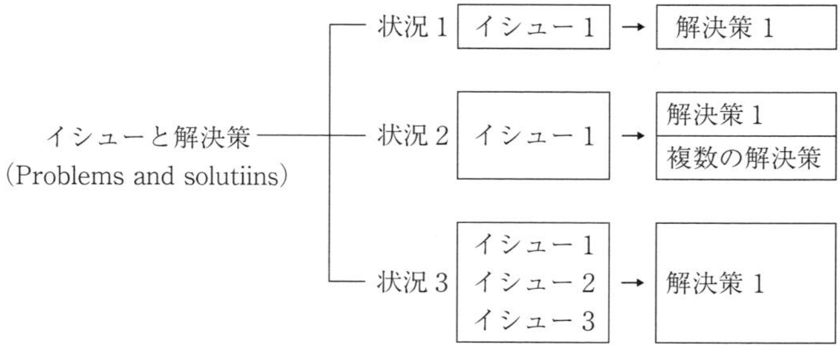

```
                              ┌─ 状況1  [イシュー1]  →  [解決策1]
                              │
イシューと解決策 ─────────────┼─ 状況2  [イシュー1]  →  [解決策1]
（Problems and solutiins）    │                          [複数の解決策]
                              │
                              └─ 状況3  [イシュー1]
                                        [イシュー2]  →  [解決策1]
                                        [イシュー3]
```

出所：Geoff Easton, p.98 を参考に作成[2)]

　第1の状況（状況1）は，1つのイシューに1つの解決策が考えられる場合である。ただし，ベストでも，必ずしもベターな解決策という意味ではない。要するに，1つのイシューに対して1つの解決策しかない，という意味である。第2の状況（状況2）は，よく見られるケース，すなわち，1つのイシューに対して複数の解決策が存在する場合である。この場合，学生はおそらく部分的な解決策を考案することになる。第3の状況（状況3）は，複数のイシューを1つに包括した解決策が考えられる場合である。

　もし，ケースのなかに複数のイシューが見い出された場合，複数のイシューを同時に処理することは効率的ではない。そこで，学生は，どのイシューから先に着手したほうがよいか，を決める必要がある。それでは，どのような基準で優先順位をつけるのが適切だろうか。優先順位を設定するには，メイン・イシューのなかで，解決すべきイシューは重要度の高いイシューか，緊急度の高いイシューかなどなんらかの客観的な基準をもとにして順位づけするのが普通である。

　図表5.9では，緊急度と重要度の高いイシュー（区分Ⅳ）が早急に取り組まなければならないイシューである。

図表 5.9　イシューの重要度と緊急度

重要度		低い	高い
緊急度	低い	Ⅰ	Ⅱ
	高い	Ⅲ	Ⅳ

(3) ケース・データ分析

　ケースから抽出したイシューのなかで,「売上が伸びない」とか,「顧客のクレームが多い」,あるいは「市場競争が激化している」といったメイン・イシュー（中心的な問題）について,「なぜ,このような状況がおきているのか？」,そしてその原因を分析していく作業（問題の構造化）に入る。

　よく使われている原因を分析する手法に, KJ 法（川喜多二郎氏考案）や, QC（Quality of Control）がある。図表 5.10 は, QC（品質管理）7 つ道具の 1 つである特性要因図で, ある製造部門で発生した問題が作業者（Man）によるものなのか, それとも機械・設備（Machine & Equipment）, 素材・部品（Material）, 作業方法・条件（Method）, それ以外の要因（例, Management）なのか, を示している。

　例えば, 最近航空機事故が多発しているが, 仮にエンジン・トラブルであれば, 表面的な原因として, エンジン自体の問題, 整備不良, 素材の疲労, エンジン・ファンブレードの破損, コンプレッサー（圧縮機）の機能不全, 点検ミスなど直接的な原因があげられる。しかし, 原因は直接的なものだけではない。その背景に, 整備士の質の低下, 点検方式の簡素化, 外注化による整備能力の低下だけでなく, 現場を軽視するマネジメント, 複数組合の存在, 整備費の削減などの遠因が存在することも見逃してはならない。一度の事故なら現場の問題解決力によって, 解決できるかもしれないが, 何回も事故が続くとなると, 構造的な問題（ベーシック・イシュー）と判断したほうがよいだろう。

　このように, ケースに記されている諸問題の原因と思われる要因を, 特性要因図や図解化（例, KJ 法 A 型図解化）を使って整理していくと, いくつかの重要な要因が絞り込めたり, その因果関係が次第に明らかになる。また, こ

れらの資金(Money),人(Man), 設備(Facilities & Equipment)やマネジメント・システム(Management & Method)は,問題解決策を考えるうえで制約条件(Constraints)になったり,活用する機会(Opportunity)を提供する経営資源になったりする。

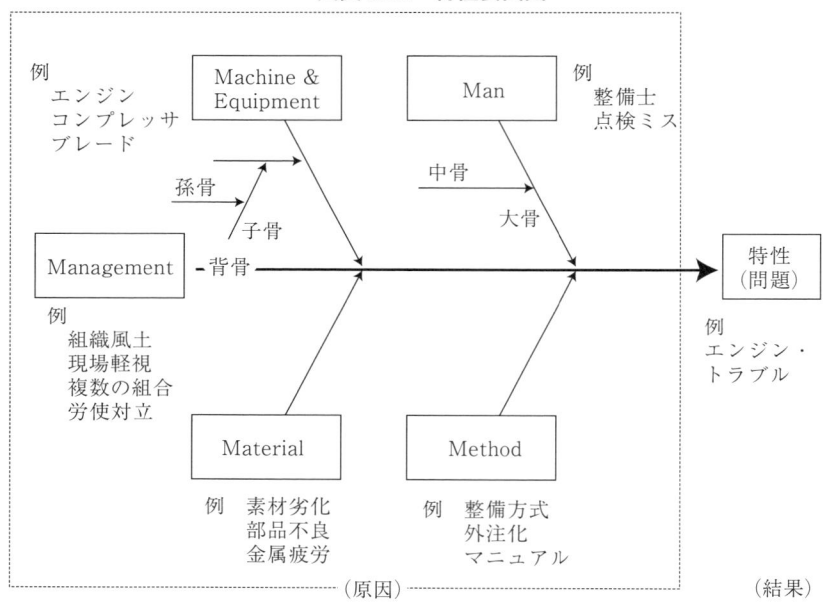

図表 5.10　特性要因図

```
例
エンジン
コンプレッサ
ブレード                Machine &            Man        例
                      Equipment                       整備士
                                                      点検ミス
                        孫骨 ↗    中骨 →
                           子骨      大骨
   Management ─背骨──────────────────────→  特性
                                                      (問題)
例
組織風土                                               例
現場軽視                                               エンジン・
複数の組合                                             トラブル
労使対立
                      Material            Method
                      例 素材劣化         例 整備方式
                         部品不良            外注化
                         金属疲労            マニュアル
          ·············(原因)·············             (結果)
```

もう1つの手法として,ワーク・デザインなどで使われているシステムズ・アプローチ(あるいはSystematic A)がある。図表5.11は,企業の活動をインプット(Input),プロセス(Process),アウトプット(Output),制約条件(Constraints)などシステム概念に基づいて表したシステム・チャートである。

前述したように,「問題とは,目標と現状との逸脱であり,解決を要する事柄」と定義するが,考えられる問題の原因(図表5.11の点線の部分)は,①入力(インプット)手段である経営資源(人・物・金・情報と企業の方針),②生産活動,

販売活動などのプロセス（処理）の部分，③インプットとプロセスを制約する条件（法律・制度・職務権限など企業活動を制約する外的・内的要因）のなかに存在する，という考えに基づいている。

この点に関して，佐藤允一（元帝京大学名誉教授）は，これら3つの要因（インプット・プロセス・アウトプット）以外に，④外乱という予期しない事態（例，BSE病や鳥インフルエンザ，反日デモといった政治問題など不確定で，制御できない外因）が発生して，企業の諸活動に影響を与え，問題の発生となる可能性を指摘している。

それゆえ，実際の問題は，上記3つの要因（内因）と，不確実な要因（外因）が絡み合って生じることになる。このように，問題の発生となる4つの要因を選びだし，関連する情報を整理し，問題形成を図式化することにり，問題の構造が次第に明らかになる。

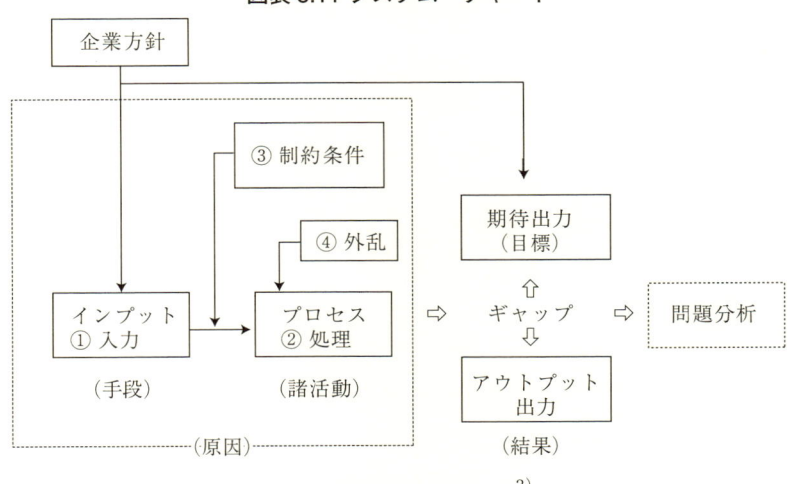

図表5.11 システム・チャート

出所：佐藤允一，p.215 を修正[3)]

また，多くのケースには定性的な情報と同時に，定量的な情報が含まれている。一般的に，学生は定量的な情報よりも定性的な情報を好む傾向にある。し

かしながら、定量的な情報を無視しては、なんら解決策を見い出せない場合がある。たとえ、定量的分析が苦手だからといっても、学生は少なくとも数字のもつ意味を理解する努力が必要である。例えば、ケースに記されている数値が平均的な（あるいは標準的な）値なのか、過去の数値と比較して、その違い（多いか少ないか）を確かめる作業（差異分析）が必要になる。また、数値の意味を解釈するために、単純に数値をグラフや図に表してみれば、おおよそのトレンド（傾向値）がつかめるし、理解が容易になる。

　ただ、情報の取扱いに関しては、注意を払う必要がある。それは、ピックアップした情報には、少なくとも2つの側面、すなわち、① 正確性（Precision）、② 妥当性（Validity）があるからである。

① 正確性（Precision）には、図表5.12に見られるように4つの段階、すなわち、a) 正確な情報、b) 不正確な情報、c) 非常に不正確な情報、4) 欠けている情報に分類できる。

図表 5.12　情報の正確度例

正確の程度	例
a) 正確な情報	J社のDC-10はエンジン・トラブルにより福岡空港に引き返した
b) 不正確な情報	DC-10の部品が落下して、負傷者がでたようだ
c) 非常に不正確な情報	トラブルの原因は、エンジン部分の金属疲労だろう
d) 欠けている情報	DC-10の過去の故障情報

② 情報の妥当性（Validity）は、ケースに記してある状況が正確に表してあるかどうかで判断できる。特に、組織行動（Organizational Behavior）や、人的資源管理（Human Resource Management）に関するケースには、会話型の文章が含まれていることがある。そのなかで、特に「事実（Facts）」と「意見（Opinion）」の違いに、注意を払うことである。例えば、「JA航空は、需要の落ち込みが大きい路線—サイパン線—を運休することを決定した」という表現は「事実」である。一方、「国際線の需要が落ちているのは、原油の値上がりの影響が大きい」という表現は「意見」である。意見

は，いろいろな点で事実と異なっているが，ケースの主人公なり（だれか）の目（価値判断を伴う）をとおした情報である。それゆえ，情報がどの程度正確で，かつ妥当性があるかどうか，吟味することである。

情報の正確度や妥当性を考慮にいれて，学生は，① ケースに記されている事実（Facts），② 過去の出来事をもとにした推測（Inference），③ 主人公なりの思惑（Speculation）や，④ 何らかの仮定（Assumption）に基づいた情報を駆使して，問題を分析する。

例えば，グローバル・マーケティングのケース「Colgate-Palmolive: Cleopatra（Kamran Kashani, pp.167-188）」には，新製品（石鹸）に対するカナダのある地区において実施したアンケート調査の結果が示されている。ケースを読んで，もしその数値をそのままカナダ全土に適用するには疑問がある，と判断した場合，学生自身が妥当と考えられる数値（④ 何らかの仮定に基づいた）を使って，カナダ全体の需要を推測する必要がある。

以上のアプローチ，すなわち，① 状況分析（問題の発見と列挙），② 問題の順位づけ，③ 原因の把握と情報の収集というプロセスが終了したら，解決案の作成に取りかかる（図表5.13）。

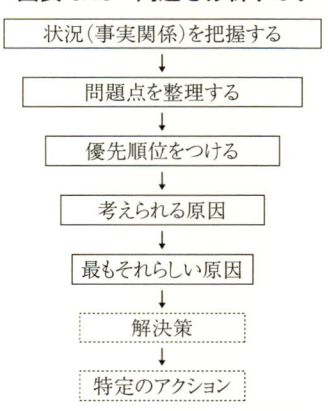

図表 5.13　問題を分析するプロセス

```
状況（事実関係）を把握する
        ↓
  問題点を整理する
        ↓
  優先順位をつける
        ↓
   考えられる原因
        ↓
  最もそれらしい原因
        ↓
      解決策
        ↓
   特定のアクション
```

出所：Kepner & Toregoe, p.19 を参考に作成[1)]

(4) 解決案の作成

　前項の問題分析で，問題をどの程度構造化できるかによって，解決策も変わってくる。そこで，もう少し別の視点から"問題"を分類してみよう。それは，原因と対策（あるいは解決策）との関係による分類である（図表5.14）。

　分類Ⅰに属する問題は，原因が特定できる可能性が高く，かつ取りうる対策がわかっている問題である。例えば，先程の航空機事故がエンジン・トラブルによる原因であれば，問題の構造化は比較的容易である。整備士の今までの知識，経験を駆使して，1つひとつ考えられる原因をチェックしていけば，問題の解決が図れるだろう。

　分類Ⅱに属する問題は，状況から原因がつかめているが，その対策がわかっていない問題である。例えば，「新しくできた駅ビルに競合店が進出してきたため，駅前にある店の売上が減少した」場合，複数の対策が考えられる。

　分類Ⅲに属する問題は，原因はわからないが，対策がわかっている問題である。この場合，本当の原因が特定できないまま，何らかの対策（例，応急的あるいは部分的対策）をとることになるから，誤った決定を下すことも考えられる。悪くすると，禍根を残すことになりかねない。そのうえ，根本的な対策でもないので，問題が再発する可能性がある。

　分類Ⅳに属する問題は，いろんな要因が複雑に絡み合って，原因も対策も見

図表5.14　4つの問題

	「対策」わかっている ←	→ わかっていない
「原因」わかっている ↑	Ⅰ 比較的簡単な問題	Ⅱ 複数の対策が 考えられる問題
↓ わかっていない	Ⅲ 注意を要する問題	Ⅳ チャレンジしたい問題

出所：細谷，p.18 修正[4]

いだせない問題である。この種の問題は，グループの力を結集して取り組まないと，問題の解決は図れそうもない問題である。

　さて，問題の原因を分析し解決するためには，学生は，ケースの主人公の立場で，まず"何をなすべきか？　何を達成すべきか？"など，目標となるべき「あるべき姿」をハッキリさせなければならない。例えば，「パケット交換機の納期が2～3カ月遅れる」という問題を取り上げてみよう。次に，考えなければならないことは，「それでは，どの方向にむかって問題を解決するか」である。ここでは，「納期を守る」が「目標」となる。この「目標」は，見方によっては，問題を解決するうえでの制約条件にもなる。

　ところで，KT（ケプナー・トレゴー）法では，目標を「絶対的な目標」と「希望的な目標」とに分けて考えている。「絶対的な目標」とは，どうしてもこれだけは達成したいという目標である。これに対して，「希望的な目標」とは，できれば達成したいという目標である。先程の例では，「取引先への納期を厳守する」を絶対的な目標にし，「コストをできるだけ抑える」「損害賠償請求をできたら避ける」を希望的な目標にすることが考えられる。

　それでは，「絶対（Must）」と「希望（Want）」との区別は，何を基準（比較基準）にすればよいのだろうか。そこで，でてくるのが，「企業方針」や「環境の変化」

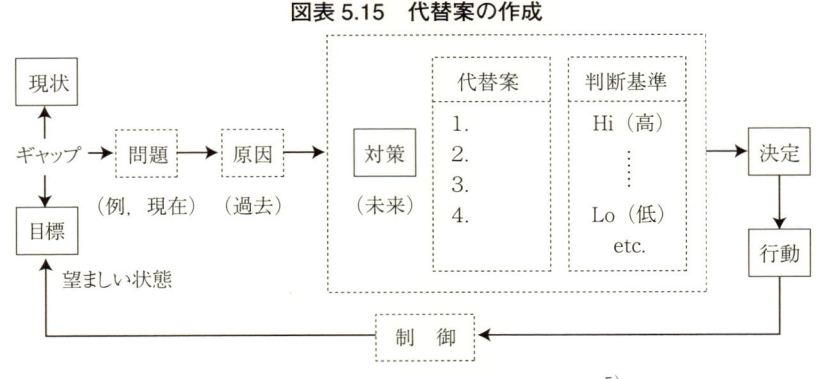

図表 5.15　代替案の作成

現状 ↕ ギャップ → 問題（例，現在）→ 原因（過去）→ 対策（未来）→ 代替案 1. 2. 3. 4. / 判断基準 Hi（高）⋮ Lo（低） etc. → 決定 → 行動
目標　望ましい状態 ← 制御 ←

出所：オディオーン（勝山・成瀬訳），p.25 修正[5)]

である。これらをもとに，学生は，総合的に判断する必要がある。当然，どの企業にも，企業の方針や環境の変化（例，規制緩和）を考慮に入れた経営目標（全体）や部門目標（部分）がある。さらに，ケースの主人公がおかれている「立場」や，「状況（例，上司の意向）」がある。このような状況を理解したうえで，学生は目標を決め，望ましい結果（解決）が得られるように，具体的な解決案（代替案）を作成しなければならない（図表5.15）。

(5) 決定基準（あるいは判断基準）

　意思決定とは，複数の実行可能な解決案（代替案）のなかから，最適な案（あるいはベターな案）を選ぶことであるが，その場合，いくつもの選択肢を客観的に評価する基準が必要になる。簡単にいえば，それぞれの案を測定するためのモノサシである。そのモノサシは，ケースに記されている企業の方針（あるいは達成すべき目標）や，主人公がおかれている状況，重要だと思われる要因から導き出される。例えば，「マーケット・シェアを数％アップする」「キャッシュ・フローが5年後にプラスに転ずる」という定量的な基準や，「従業員のモラルやモチベーションが向上する」などの定性的基準があげられる（図表5.16）。

図表5.16　決定基準例

定量的な基準		定性的な基準	
売上	在庫回転率	競争優位	顧客満足
利益（率）	生産性	安全性	従業員のモラル
費用	転職率	企業イメージ	モチベーション
ROI	完成日	企業倫理	キャリア・アップ
キャパシティ	納期	コンプライアンス	ブランド
リードタイム	成長率	フレキシビリティ	シナジー
マーケット・シェア	販売量	組織のバリュー	陳腐化
キャッシュ・フロー	（生産量）	組織の生き残り	のれん

出所：L. A. Mauffette-Leenders, J. A. Erskine, M. R. Leenders, p.48．および G. Easton, pp.143-145 を参考に作成[6)]

　これらの基準を念頭において，各代替案を評価する。しかしながら，複数の

案を検討する際，同一の基準では評価できないことが多い。例えば，ケース「フロンティア・ラバー社」では，同社首脳陣は，4つのプロジェクト案を評価することが求められている（ケース例20）。このケースは，基本的には資本予算（Capital budgeting）に関する問題であるが，プロジェクトを検討する制度上の問題（例，経理規定）にも焦点が当てられる。

ケース例20 「フロンティア・ラバー社」

ゴム関連の製造業フロンティア・ラバー社は，4つのプロジェクト
　(1) ゴム製品の成型加工の近代化
　(2) 既存の酸製造工場の拡張
　(3) 原子力の商業的利用を目指すリサーチのための研究所建設
　(4) 西海岸における新プラスティック工場の建設
　　を評価し，何らかの決定を下すことが求められている。
出所：KBS, p.113[7)]

このケースのように，投資プロジェクトが，a) 旧設備の更新，b) 既存設備の拡張，c) 将来に対する研究投資，d) 新事業に対する投資，など複数ある場合には，プロジェクト間で優先順位をつける必要がある。

通常，投資プロジェクトを評価するには，回収期間（Payback Period），投資利益率（Return On Investment），DCF法（Discounted Cash Flow），費用・便益比率（Cost-benefit Ratio），現在正味価値（Net Present Value）などがあり，「財務管理（Financial Management）」の授業では，これらの手法をマスターすることが学生に求められる。

しかしながら，複雑な投資プロジェクトともなると，これら定量的な基準だけでは，到底判断できるわけではない。そのうえ，投資案件そのものも，相互に関係（例，従属関係）のある案や排他的な案もあり，順位づけするにも，どのような基準を用いるかによって異なることがしばしばある。

(6) 代替案の分析と評価

　解決しようとする問題に対して，いくつかの具体的な案があがったならば，各案を分析し，どの案が望ましいか，判断しなければならない。まず，最初に絶対的な目標（あるいは必須条件）に照らして，代替案を評価する。そして，絶対的な目標（例，投資費用を10億円以内に抑える）が満たさないと思われる案は却下し，以降の検討対象から外す（図表5.17）。残った案については，どれだけ希望的な目標（あるいは条件）を満たすか，を（相対）評価する（以後，残った案のみを検討する）。

図表 5.17　代替案のふるい落とし

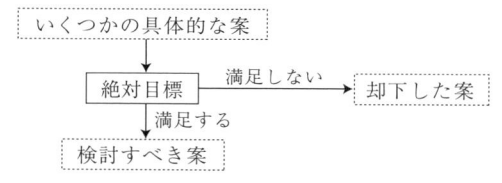

```
        いくつかの具体的な案
                │
                ▼
            絶対目標  ──満足しない──→  却下した案
                │
              満足する
                ▼
            検討すべき案
```

注：絶対目標例（投資費用を10億円以内に抑える）
出所：今井，p.41を参考に作成[8]

① 各代替案を比較する

　検討すべき案を比較・対照するためには，まず各案の長所（Advantages）と短所（Disadvantages）を列挙してみる。この作業が終了してから，学生は各代替案の長所・短所（あるいは Pros and Cons）を考える（図表5.18）。

　つぎは，学生自ら設定した基準をもとにして，各代替案を比較・対照する。その際，各代替案をランクづけするための情報（例，売上高）が不足しているような場合は，「High（高）」「Medium（中）」「Low（低）」あるいは「優れている」「普通」「劣っている」など，3段階にランクづけするとよいだろう。仮に，「費用」「時間」「実行性」および「顧客満足度」という複数の基準がある場合，代替案1の「費用」は他の代替案と比較して，相対的に高いならば，「高い（Hi）」と表わす。以下同様に「完成に要する期日（時間）」は「短い（Short）」，「実行

図表5.18　Pros（プロス）and Cons（コンス）記入例

代替案	Pros	Cons
1. R市場に新製品Cを導入する	主部門（飲料）はうまくいっている	R市場製品は主力でない
	C製品の製造権は，G社よりまもなく取得可能	R市場は，競争が厳しい
	新製品Cの導入により，他社製品との差別化可能	子ども市場は成熟期
		大人市場は不安定
	健康食品に対する根強い需要	販売網は飲料ルート利用
		他社は菓子ルート利用
2. R市場の既存製品の価格を下げる		
3. ―		
4. ―		

注：長所・短所だけでなく，Pros and Cons（賛否）がよく使われる
出所：ケース「N社ジャパン」[9]

図表5.19　代替案分析表

代替案	決定基準			
	費用	時間	実行性	顧客満足度
1. ―	高い（Hi）	短い	やや難	中程度（Me）
2. ―				
3. ―				
4.（Status Quo）				
注：ウエイトづけ例	40%	10%	30%	20%

注：問題が発生した時に，静観する（Wait and See），あるいは現状維持（Status Quo）という案も選択肢の1つである。なお，Lo（低い），Me（中程度），Hi（高い）と表示

出所：L. A. Mauffette-Leenders, J. A. Erskine, M. R. Leenders, pp.49-50.[6]

の容易さ（実行性）」は「やや難しい」，「顧客満足度」は「中程度（Me）」，とすると，図表5.19のように表せる。

　しかしながら，決定基準も一様ではない。そこで，学生自身の価値判断に基づいて，「投資費用」に40%，「完成期日」に20%，「実行の容易さ」に30%，「顧客満足度」に10%など，ウエイトづけすると，代替案を比較しやすくなる。

　通常，ケースには，短期的および長期的に解決すべき諸問題が記されている。それゆえ，短期・長期両方の視点で，各代替案を分析し，その結果を予測し，

アクション・プランを作成する必要がある。例えば，① ある代替案は短期的効果は期待できるが，長期的な効果はあまり見込めない，② 別の代替案は短期的効果は期待できないが，長期的効果は期待できる，とすると，どちらの代替案が好ましいだろうか？　また，短期的にはどんなアクションを，長期的にはどんな追加措置を採るべきだろうか？　などである。

ところで，一体なにを基準にして，「短期」・「長期」と決めるのだろうか。例えば，急を要する状況下の「短期」はおそらく数分間，数時間，よくて数日間，また「長期」は数日間あるいは数週間という意味である。一方，急を要しない状況下の「短期」は，数週間か数カ月間，また「長期」は，数年間という意味である。いずれにせよ，学生自身がケースに記されている状況とその文脈から「短期」・「長期」を判断すべきである。

② 結果を予想する

ケースのなかには，戦略的投資を扱ったケースや組織の変革を迫るケースがある。例えば，戦略的投資の場合，ケースに記されている主人公（意思決定者）は，何らかの決断を下さなければならない状況におかれている。ケースを分析した学生は，「この案に投資する価値はあるだろうか？」あるいは「この案を選択した場合，いつごろキャッシュ・フローはプラスに転ずるだろうか？」など，選択肢（代替案）と結果の予想との関係に注目するようになる。それゆえ，それぞれの案がもたらす結果はどのようなものか，その結果が意思決定者の目的をどの程度満たすのか，確認しておくことが重要となる。しかしながら，将来起こりうる結果について，どのくらいの確かさ（生起する確率）で起こるのか，は明らかではない。戦略的投資における決定は，多くの場合一度かぎりで，繰り返しのない事柄に関するものであり，客観的な確率は存在しない。しかしこの場合でも，意思決定者が主観的に確率を決定できるならば，ある程度予想は可能である。

このような状況（不確実性）のもとで何らかの決定を行う場合，ディシジョン・ツリー（Decision Tree）を使うと便利である。ディシジョン・ツリーは，意思決定者がどのような行動を選択するかということと，将来起こりうる不確定な状

態のうちのどの状態が実現するかによって、いろいろな結果に分かれる様子を描いたものである。このディシジョン・ツリーの枝の分かれるところは、2種類ある。1つは、行動の選択（意思決定）によって分かれる点で、ディシジョン・ポイント（決定点あるいは行動分岐点）と呼ばれる。もう1つは不確定な状態の分かれる点で、チャンス・イベント（不確定点あるいは事象分岐点）と呼ばれる。[10]

例えば、図表5.20の四角い節（ノード）は、「新製品を商品化するかしないか」の意思決定点を表わしている。「新製品を商品化する」という決定のあとの丸い節は不確定点を表わし、そこからの分岐は起こりうる状況を表わしている。新製品を商品化した場合の起こりうる状況は、a）かなり売れるだろう（15%）、b）ある程度売れるだろう（65%）、c）あまり売れないだろう（20%）に分かれる。なお、括弧のなかの数字は、意思決定者（あるいは関係者）の主観的な確率を表

図表5.20　新製品導入のディシジョン・ツリー

グリーティング・カードを製造する会社の社員から新製品のアイデアが提出された。新製品を商品化するには、機械設備に3,000万円を投資しなければならない。ターゲットである若い女性に受け入れられるかどうかの判断は難しいが、販売担当者の経験から売れる確率は、65%程度あると見込まれる。そのときには、新商品は機械設備費用を差し引いても、1億円前後の利益が予想される。もしあまり売れず、返品が多い場合（20%程度の確率）には、7,000万円程度の損失が予想される。その逆に、予想以上に売れた場合（15%の確率）には、1億5,000万円前後の利益が見込まれる。上述の状況をディシジョン・ツリーで表せば、以下のようになる。

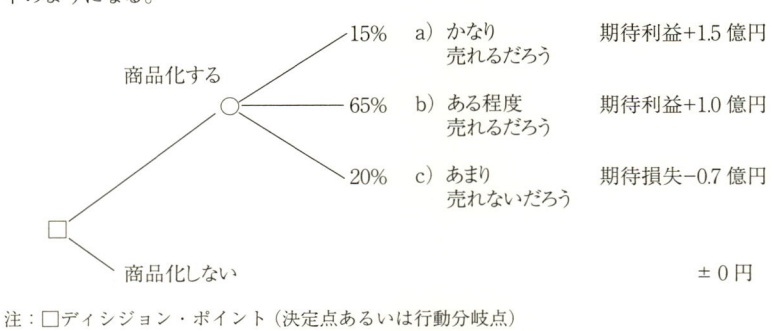

```
                    15%   a) かなり              期待利益+1.5億円
                          売れるだろう
商品化する
        ○─────── 65%   b) ある程度            期待利益+1.0億円
                          売れるだろう
                    20%   c) あまり              期待損失−0.7億円
                          売れないだろう
□
   商品化しない                                   ±0円
```

注：□ディシジョン・ポイント（決定点あるいは行動分岐点）
　　○チャンス・イベント（不確定点あるいは事象分岐点）

出所：大林、p.1を参考に作成[11]

している。

　図表 5.20 より，商品化しない（現状維持）案を選択した場合の結果をプラス・マイナス 0 円とする。新製品を商品化し，ある程度売れるだろうと予想した場合は，3,000 万円の投資に対して，1 億 3,000 万円前後の利益が予想されるので，差引き 1 億万円前後のプラスになる。また，新製品があまり売れず返品が多かった場合は，3,000 万円の投資に加えて，材料費・加工費などの費用 4,000 万円を加えて，合計マイナス 7,000 万円の損失が予想される。これらの数字を期待利益・損失として，図表 5.20 の右端に書き加える。以上のように，行動とその結果をディシジョン・ツリーに表せば，主人公（意思決定者）の判断の助けになる。

③ 定量的・定性的に評価する

　通常われわれが，何かを決定しようとする際，各代替案の長所，メリット，デメリットを併せて考える。各代替案をそれぞれ定量的・定性的にプラス（＋），ニュートラル（N），マイナス（－）で表わしてみる。各代替案のなかで，実行してもよいと思う案は Go（実行），疑問が残る，あるいはペンディング（未決定）にしたほうがよいと思う案は？（クェッション・マーク），却下したほうがよいと思う案は，No（実行しない）と表わす（図表 5.21）。

図表 5.21　定量的・定性的に評価する

代替案	定量的評価			定性的評価			意思決定		
	＋	N	－	＋	N	－	Go	？	No
1.	＋			＋			Go		
2.	＋				N		Go		
3.	＋					－		？	
4.		N		＋				？	
5.		N			N				No
6.		N				－			No
7.			－	＋				？	
8.			－		N				No
9.			－			－			No

注：Go（実行する），？（疑問がある），No（実行しない）
　　定量的評価が＋で，定性的評価が＋の場合，意思決定は Go
出所：L. A. Mauffette-Leenders, J. A. Erskine, M. R. Leenders, p.52 を参考に作成[6]

各代替案を評価する場合，各代替案をまず定量的に，ついで，定性的にという順に評価する。定量的評価では，a）どれだけの利益あるいは損失が予想されるか，b）どれだけの費用や時間がかかるか，c）どの案が効率的かなどの視点から各代替案を評価する。定性的評価では，a）どの程度マイナスの影響があるかあるいはリスクがあるか，b）ステークホルダー（利害関係者）から反対される可能性が高いか，c）どれだけシナジー効果があるか，d）将来どのようなメリットがあるかなどの視点から各代替案を評価する。

(7) 好ましい代替案の選択

　さて，多くの代替案のなかから，どの案を選択するかを決める段階である。考えられた案はどれも，すべての問題を解決する，あるいは要求水準（Aspiration level）を満たすものではない。そこで，多くの人びとは，どの案を採用したら，ある程度の要求を満足できるか，を基準（Satisfactory or acceptable level）にして，好ましい案を選択する。[12]

① 総合的に判断する

　複数の代替案を評価し，さらにマイナスの効果まで検討した結果，一番メリットの多い案を選択する，と考えてよいだろうか。どのような場合にも，意思決定に必要な情報すべてが入手できるわけではない。さらに，ウエイトづけして判断するにも，学生（意思決定者）の主観が入っているから，あくまでも相対的な１つの目安にすぎない，と考えるべきである。そこで，学生はもう一度自身を主人公の立場において，総合的に判断することである。なぜなら，意思決定とは，やりなおしのきかない経営資源（人，物，資金，時間，情報）の配分を行うことだからである。

② 戦略的に判断する

　また，総合的に判断すると同時に，戦略的に判断する必要がある。意思決定の段階で，あれもこれも解決したいと考えるのは当然であるが，すべての問

題が解決できるわけではない。むしろ，思いきって「これだけ」と重点（選択と集中）を決め，あとのものは切捨ててしまう，ことも大切である。ところで，新聞紙上で「選択と集中」という言葉をよく目にする。また，大手企業でも，ライバル企業との合併や提携，自社の事業部門の売却などが珍しくなくなっている。これらの行動は，計算に計算を重ね，先の先を読んで，戦略的に考えた結果であろう。

③ ステークホルダーに注意を払う

　組織は，ステークホルダー（利害関係者）の集まりである，といわれている。これは，利害（ステーク）が相反する者が集まって，しかも目的を達成しようとする集団，という意味である。そもそも企業目標を達成するために，組織をうまくデザイン（設計）したとしても，ほおっておいては動かない。例えば，近代的な組織には，必ずオーディット（監査）する制度が備わっている。製造部門であれば品質管理課，会計部門であれば会計監査課がある。そして，各部門が担当する業務を確実に執行しているかどうかをチェックする。ところが，これらの部課も，労働条件については勤労課（労務課）からチェックを受ける。例えば，部品検査や内部監査を実施した結果，残業が増えたとなると，勤労課から「先月の残業時間は多すぎる」と，クレームがつけられる。このように，ある決定を下す場合には，何らかの利害が対立する集団（ステークホルダー）の存在を忘れてはならない。[13]

　それは，欧米企業のように提案者（例，主人公）と意思決定者（例，上司）との関係，特に職務上の責任と権限が明確に規定されていればよいが，日本企業の場合は，職務規定（Job Description）があいまいであること，また集団による（あるいはコンセンサス）意思決定が一般的であることから，「提案者―意思決定者―ステークホルダー」間の関係には，特に注意を払う必要がある（図表5.22）。

　なぜなら，経営者あるいは管理者（意思決定者）は，大局的見地（ビッグ・ピクチャー）から，客観的に判断する能力をもち合わせていればよいが，そうでない場合，たとえ部下（主人公）が優れた提案をしたとしても，それが活かさ

図表 5.22　提案者，意思決定者とステークホルダーとの関係

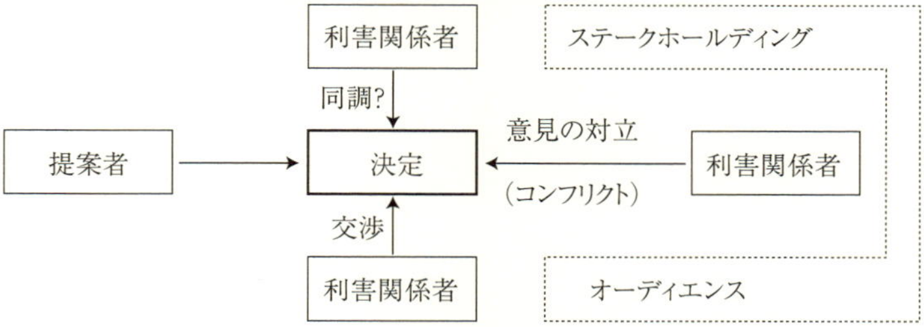

注：ステークホールディング・オーディエンス（Stakeholding Audience）：決定によって何らかの影響をうけるかもしれない人々をいう。
オーディエンスのなかから不利益を受ける人々（Victim）が途中から出現する。これを，イマージング・ステークホルダー（Emerging Stakeholder）という。
出所：拙稿「第四世代評価の方法」[14]

れない，ということが往々にしてあるからである。

　通常，意思決定のケースの多くは，主人公自身が決定を下すか，あるいは主人公が解決策を上司に進言するように記されている。しかしながら，集団による意思決定の場合には，当然意見の対立（Conflict）が考えられる。そこで，アクション・プランを作成する際には，何らかのコンフリクトがあることを想定して，アクション・プランを作成する。

(8) 実行計画の作成

　以上のプロセスを経て，複数の代替案を分析し，最終案が選ばれたとする。次は，その案を実行する計画（アクション・プラン）を作成する段階である。このステップは，問題解決のプロセスのなかではきわめて重要な部分であるにもかかわらず，あまり取り扱われていない。また学生のほうも，準備段階で，そこまで時間を割けない。さらに，クラス討論の段階でも，時間の関係で実行計画案の討議までいくか，疑問である。しかしながら，詳細な計画案の作成は無理としても，大雑把な案にせよ，作成しておくとよいだろう。そのためには，まずだれが（Who），なにを（What），いつ（When），どこ（Where）で，そして

どうやって (How) を書き出す (図表5.23)。

図表 5.23　実行計画

```
Who      （だれが）
What     （なにを）
When     （いつ）
Where    （どこで）
How      （どのように）

不足している情報
仮定
```

出所：L. A. Mauffette-Leenders, J. A. Erskine, M. R. Leenders, p.36 修正[6)]

しかしながら，計画案の作成に必要な情報がケースにすべて含まれているわけではない。もし，情報が不足していると判断したならば，学生自身の経験に基づいて，仮定を設けて，アクション・プランを作成する。

例えば，ケース「ニュー・ホテル」は，ホテル業界のファイブ・フォース・モデルの適用，SWOT分析，顧客のセグメンテーションとポジショニング分析に適している（ケース例21）。もし，学生が個人顧客（例，年齢・職業・ライフスタイル）をターゲットにしたマーケティング・ミックス策（例，パッケージ・プロダクト）を提案しようとすると，集客に必要な情報（例，販売チャネル）がケースに記されていない。そこで，学生は自身のホテル業界知識を前提（仮定）にして，アクションすべき案を考えてみる。

実行計画案をアクションした場合，当然何らかのリスクが考えられる。リスクとは，実行計画を実施していく過程で，もしかしたら将来起こるかもしれない問題のことである。そこで，実施計画のなかで，問題が発生しそうな領域において起こりそうな具体例（リスク）をあげてみる。そして，それが，どのような原因によって生じるか，を想定してみる。つぎに，想定した原因を予防するための策（予防策）を講じていく。しかし，いくら予防策として考えうる限りの手を打ったとしても，実際には何らかのリスクが発生してしまう可能性が

> ケース例 21「ニュー・ホテル」
>
> ホテルに求める顧客のニーズが変化している。従来のホテルは主要顧客である法人需要に上手く対応してきた。しかし，バブル経済の崩壊以降，法人需要は減少し，倒産するホテルもでている。一方，外資系ホテルが参入し，個人をターゲットとして，高価格・高品質・高ブランドで成長している。その背景に，個人の可処分所得の増加や，価値観の多様化によって，ある程度の金額を払ってでも，高級ホテルに宿泊しようとするニーズがある。個人をターゲットとした市場は伸びているにもかかわらず，ホテルは思い切った戦略の転換が図れず，依然として法人を主要ターゲットにしている。
>
> 出所：産能大学[15)]

ある。そのため，障害，損失などの影響を最小限にくい止めるための対策（発生時対策）を講じる必要がある（図表5.24）。

図表 5.24　想定されるリスクと対策例

件	具体的な 「リスクの想定」	「原因想定」	「予防対策」	「発生時対策」
1	関係者が集まらない	多忙，急用が発生する	十分説明して出席を依頼・再度出席の電話をする	代理人出席を依頼する 欠席者へのフォロー
2	受付が混乱する	受付場所が狭い	受付場所の間隔を少しあける	記帳をやめて，名刺を預かる
3	講演者が遅れる	会場がわからない	前日に確認の電話を入れる	スケジュールを少しずらす
4	……(略)……	………	………	………

出所：今井繁之，pp.86-87[8)]，および Kepner & Tregoe, pp.224-225[1)] を参考に作成

注

1) Charles H. Kepner & Benjamin B. Tregoe, *The Rational Manager: A Systematic Approaches to Problem Solving and Decision Making*, McGraw-Hill, 1965.
2) Geoff Easton, *Learning from case studies*, Prentice Hall, 1992.
3) 佐藤允一『問題の構造学』ダイヤモンド社，1977年
4) 細谷克也『QC的解決法』日科技連，2002年
5) オディオーン著，勝山英司・成瀬健生訳『管理者の問題解決』産能大学出版部，1974年

6) Mauffette-Leenders, Louise A., Erskine, James A., Leenders, Michiel R., "Learning with cases", Richard IVEY Business School, 1994.
7) 慶應義塾大学ビジネス・スクール『教材リスト』1994 年
8) 今井繁之『意思決定の思考法』日本実業出版社，1997 年
9) 拙著開発ケース「N 社ジャパン」なお，タイトルは偽装してある。
10) 宮川公男『意思決定の経済学 I』丸善，1968 年，p.47,
    宮川公男『意思決定の経済学 II』丸善，1969 年，p.685
11) 大林厚臣『合理的意思決定とディシジョン・ツリー』慶應義塾大学ビジネス・スクール，1999 年
12) Richard M. Cyert & James G. March, *A Behavioral Theory of the Firm*, Prentice Hall, 1963.
13) 青木武一『問題解決訓練コース I　問題解決のプロセス』日本マネジメントスクール
14) 拙著「第四世代評価の方法」経営情報学会，2000 年秋季全国研究発表大会予稿集，2000 年
    原典： Egon G. Guba and Yvonna S. Linclon, *Fourth Generation Evaluation*, Sage Publication, 1989.
15) 産能大学作成，ケース「ニュー・ホテル」。なお，ホテル名は偽装してある。

第6章　グループ学習の段階

　個人学習が終了すると，通常数名のメンバーから構成されるグループ学習（あるいはグループ討議）に進む。グループ学習は，学生がケース内容に関して，質問したいとき，疑問を懐いたとき，学生のほうから発言する環境を用意する。そして，学生たちが自分の考えをまとめたり，仮説を立てたり，自学自習する場を提供する。

(1) グループ学習の位置づけ

　ところで，なぜ全体討議（あるいはクラス討議）のまえにグループ討議の時間を設けているのだろうか。それは，「ダッシュマン・カンパニー」のようにわずか2ページのショート・ケース[1]なら，当日授業の始めに，ケースを学生に配付し，グループ学習を省略して，いきなり全体討議にもち込んだとしても，なんとか討論になるかもしれない。しかし，長文でかつ複雑なケースともなると，グループ学習を経ずに全体討議に進んだ場合，活発な討論も，十分な分析も期待できないし，質の高い結論も導き出せないだろう。そのため，個人学習と全体討議の中間に，事前の準備段階としてのグループ討議を入れるほうが，学習上より効果的である。

　また，一度でも討議方式を採用したことのある教師にとって，討議方式による授業はあまり能率的でない，と感じる人もいるだろう。たしかに，討議方式による授業では，当然討論が行き詰まる場合がある。しかし，それはある程度許されるべきだと考える。なぜなら，学生が新しい問題について深く考えたり，反論したりするのには，ある程度考える時間が必要だからである。仮に，無駄なアイデアや，的外れな意見が出たとしても，思考のプロセスでは常に起こることである。それゆえ，長文（13ページ以上）のケースを使い，活発な討論を

進めて行くためには，どうしても事前に準備段階としてグループ学習が必要になる。通常，ビジネススクールの授業時間は80分であるが，ケース討議にはある程度まとまった時間が必要である。もし，十分な時間が確保できるならば，討論による学習効果はより増大する。逆に，時間が短いと，深く掘り下げた討論までいかず，その効果も中途半端なものになる。

(2) グループ・メンバー[2]

前述したようにショート・ケースの場合は，グループ学習の時間を設けなくてもよいかもしれない。事前に配付されたケースを，学生個人が予習し，せいぜい2人か3人程度のクラス・メイトと意見交換してから，全体討議に臨んでもよいだろう。しかし，ビジネス・スクールで扱っているような長文ケースの場合，学生の経歴，国籍，文化，民族の違う人たちからなるいくつかのグループをつくり，各グループごとに討議させたほうが，学習効果はより高くなる。それは，「国際経営」「経営政策」のようなケースを分析する際，背景の異なったメンバーによる討論のほうが，より深く，かつグローバルな視点で学ぶことが期待できるからである。

(3) クラス・サイズ

討論を前提とした授業を進めるうえで，学習効果に大きな影響を及ぼす要因の1つにクラス・サイズがある。学生数の多いビジネス・スクールでは[3]，クラスは90人を最高限度として編成している。それは，1クラスの人数があまりにも多くなると，討論指導者（ディスカッション・リーダー）が，クラス全体をマネージすることが難しくなるからである。

また，大教室（例，Max100人）の場合，討論にあまり慣れていない学生（例，日本人）が，教室で挙手することは大変勇気がいるうえに，緊張してなかなか思ったことを言えそうもない。そのうえ，発言しようと挙手しても，なかなか発言する機会さえ回ってこない。発言の機会を失うと，クラス討論に参加しようという意欲も減退していく。やがて，学生のほうも，指名される機会が少な

いとわかると，挙手しなくなる。その結果，学生と教師間，学生同士のコミュニケーションも，気持ちの通ったものではなくなる。その雰囲気が，徐々にクラス討議に伝染していく。クラス人数が多くなると，このようなディメリットが生ずる。逆に，クラス人数が少ないと，あまり活発な討論は期待できない。その結果，クラス討論の場において，学生から活発な意見もアイデアも出ず，盛り上がりの欠けた討論になる。

(4) 教育理論

最後に，教育理論の観点から，グループ討論のメリットに若干ふれておこう。アメリカの著名な教育者であるウィルバート・マッキーチは，第4章 "Organizing Effective Discussions（効果的討論）"のなかで「学習意欲のある学生に新しい情報を提供する方法としては，討議方式はおそらくあまり効果がないと思われる。むしろ，討議方式は特に，① 学生にある具体的なテーマについて考えることを学ばせようとするとき，② 自己および他人の思考の論理および根拠を評価することを学ばせようとするとき，③（経営）原理を応用する機会を提供しようとするとき，④ 読書や講義から得られた情報から問題を発見したり，問題点を明確にさせようとするとき，⑤ グループ・メンバーの持っている資質や能力を活用しようとするとき，⑥ 学生の習慣的な考えや持っている信念に反する情報や理論を理解させようとするとき，⑦ 今後一層の学習意欲を起こさせようとするとき，⑧ 授業（あるいは学習）目標がどの程度達成しつつあるのか，学生からの迅速なフィードバックを得ようとするとき，にふさわしいように思われる」と述べている。また，教育理論のなかに，「学習は学ぶものの環境によって影響される」という命題がある。個人で学習した場合には得られないメリットが，グループ学習にある。それは，学生を受け身の学習から積極的な参加に動因する，という動機づけの問題に関係がある。しかし，もっと重要なことは，学生は自分の意見やアイデアをオープンに発言したり，またグループ・メンバーの意見に耳を傾けたり，そして自分の考えがいたらない場合には，相手の意見を受け入れることを学ぶ。さらに，同じく重要な

ことは，グループ・メンバー間で意見が対立した場合，感情的対立を回避しながら，相手をどう説得したり，対応したらよいかを学ぶ。

　討論型授業の特徴は，学生が討論に積極的に参加すればするほど，相手からも学ぶ機会が多くなるということである。グループ学習を要約すると，クラス・サイズ（例，40〜60人）が大きくなると，クラス討論は次第に困難な状態になるので，5〜6人のグループに分け，メイン・イシューを中心に各グループで話し合った後に，クラス討論にうつる方法が通常の討論型授業の進め方である。各グループは，司会者を選んだりして，各自の個人学習の成果を発表しあって，グループとしての解決策なりをまとめていく。もちろん，個人の予習してきた成果や見解が，グループの主張や解決案と異なっている場合もある。大切なことは，自分の意見を述べると同時に，他人の意見に耳を傾けることである。

注
1) WACRA関係者の話を総合すると，通常7ページ以内のケースをショート・ケース，13ページ以上を長文ケースと分類している。
2) ちなみに，筆者の場合，最初のグループ・メンバーは，今でも鮮明に記憶している。

ファースト・ネーム	国籍	出身大学・学部	産業分野
1. Federico	メキシコ	経済学部	ビール製販業
2. Tom	スイス	チューリッヒ工科大	コンピュータ製販業
3. Claudio	イタリア	チューリッヒ工科大	コンピュータ製販業
4. Nigel	イギリス	Imperial College	製造業
5. Alex	イギリス	経済学部	小売業
6. Shoichi	日本	教養学部	航空運送業

　ビジネス・スクールでは，いろいろな背景の人たちと交わる学習効果を考慮して，メンバーを固定せず，意図的に年に数回メンバーを入れ換えている。
3) 例，ハーバード・ビジネス・スクールMBA定員900人，インディアナ・ビジネススクール（1996年）MBA定員270人，クランフィールド大学ビジネススクー

ル（1995 年）MBA 定員 300 人
4)　McKeachie, Wilbert J., *Teaching Tips,* 9th ed., HEATH, 1994, pp.31-32.
　　（高橋靖直訳『大学教授法の実際』玉川大学出版部，1984 年 , p.64）

第7章 クラス討論の段階

(1) クラス討論のアウトライン

　グループ学習が終了したら，グループ全員が教室に集合して行うクラス討論（あるいは全体討議）に進む。討論指導者（ディスカッション・リーダー）の指導のもとにクラス討論はスタートする。しかし，ケースには「唯一の正解」がないといわれているのと同様に，イントラクションに唯一の進め方があるわけではない。

　例えば，ある討論指導者は「このケースにおける問題点はなにか？」という問いからスタートし，そして「それでは，関連する事実はなにか？」という問いに進む。また，別の討論指導者は，「この会社はどんな会社か？」という一般的な質問からスタートする。あるいは，「この企業にとってリスクとはなにか？」と切り出す指導者や，ただ単に「山田課長はどうすべきか？」と，たずねる指導者もいる。

　討論指導者が発する問い（資料4）は，ケースの末尾についている場合もあるし，事前に学生にアサインする場合もある。多くの指導者は，学生が事前準備してクラスに参加していることを前提に，それらの設問からスタートする。また，別の指導者は，設問を無視して，異なる角度からクラス討論をスタートする。学生も，指導者からまったく予期しないような質問，例えば，「ケースに記されている企業がとった行動」を批判するよう求められたり，あるいは「君が主人公だったら，どう行動する？」と将来とるべきアクションを求められたりする。

　このように，クラス討論は，討論指導者個人の授業の進め方，ケースの難易度，学生のマチュリティ度などによってかなり違ってくる。クラス討論は，意思決定のケースであれば，討論の「導入部分」「中心となる部分（与えられた状

況の理解，問題の認識，事実の認定から解決案や実行計画の検討）」，最後に「まとめ」というステップを踏む（図表7.1）。

図表7.1　クラス討論のアウトライン

(1) 討論の導入部分
(2) 討論の中心部分
　　　a)　問題の背景，問題の認識，状況分析
　　　b)　イシュー分析
　　　c)　代替案の作成と判断基準
　　　d)　推奨案（代替案）の選択
　　　e)　実行計画の作成
(3) 討論のまとめ

　クラス討論を有意義なものにしていくために，討論指導者は，① 学生に問う（Questioning），② 学生のコメントに耳を傾け（Listening），そして③ 対応する（Responding）行為を繰り返していく[1]。

　例えば，多くの指導者は討論の導入部分では，討論の口火をきるために，「この会社のおかれている状況は？」，あるいは「この事件が起こった背景は？」など，一般的な質問から入る。そして，学生のコメントを明確にするために，リピートしたり，言い直したり，"あなたの意見は，……こういうことですか？"，と聞き直したりする。さらに，学生の考えを深めるための問い，"もう少し，詳しく話してくれませんか？"や，考えを広げるための問い，"なにか付け足すことはありますか？"などを発する。学生の主観的な発言については，その発言が事実に基づいているかどうかを見極めるために，"その根拠は？"と問い返す。

　また，討論指導者は，学生の関心を引きつけておくためにいろいろな工夫を凝らしている。例えば，米国市場に参入した日清食品のマーケティング戦略に関するケース「日清食品株式会社（KBS, p.152）」の場合，アメリカで販売している製品「カップ・ヌードル」を持ち込んだり，消費者行動の違いを理解させるためにヨーロッパ産の「コカコーラ・ライト」を学生に味見させたり，英国における「ヨープレイト」のTV広告を視聴させたり，ときには学生たちを「賛

写真 7.1　教室例

図表 7.2　黒板利用例

業界の特徴	事実関係	解決案　　　一面 1 案	計算結果	上下にスライドする
	メイン・イシュー — — —	＋　二面 2 案 − 3 案		
	アクション・プラン	判断基準　　　三面		

成派と反対派」に分けて議論させる，などの試みである．さらに，黒板の使い方にも工夫を凝らしている．クラス討論の導入部分では，黒板はケースに記されている事実や，要点を整理するのに使われる．クラス討論も中盤以降に入ると，「計算」や「図表」に使われたり，「賛成」や「反対」の意見を書き分けたり，論争点を示すことにより，議論を活気づけようとする（写真7.1，図表7.2）．

　討論指導者は，板書した箇所を示しながら，「原因と思われる要因はなにか？」，「どのような解決策は考えられるか？」などの問いを通して，学生の考えを求め，学生が取り上げた論点を分類し，学生の注意を喚起する．

　やがて，学生同士で議論が交わされるようになると，討論指導者はむしろ前

面から退き，学生同士の議論の進行を見守り，ときには，学生のコメントを要約して板書したり，討論が脇道に逸れないよう舵取り役にまわる。また，学生同士の議論が途切れた場合には，討論指導者は積極的に学生を指名し，「あなたが総務課長だったら，どのような対策が考えられるか？」というような問いを発してコメントを求めたり，ときには討論に加わったり，学生の意見を支持したり，あるいは別の学生にその前の学生の発言についての見解を求めたりする。議論が停滞した場合には，討論指導者は「君が言っていることは，……こういうことだろう」と言い換えたり，「今までの話をまとめると，……こうなるよね」と要約したり，あるいは補足して，学生の思考を常に建設的な方向に向かわせる。

(2) クラス討論における教師の役割

　ケースメソッド授業の目標は，討論指導者が考えている目標，あるいはティーチング・ノートに記されている目標を最低限満たすことにある（図表7.3）。そのために，どのようなアプローチをとるかは，討論指導者に任されている。ある討論指導者は，学生にまず結論を語らせてから，その理由を述べさせる。その後，学生のコメントを参考に，「社長のとった行動は適切であったか？」「な

図表7.3　ティーチング・ノート（資料）例

ケース　住友電気工業株式会社（A）―阪神大震災からの経営復旧―

(1) ケースの要約：
　　住友電工ケース（A）は阪神大震災発生によって被災した住友電工伊丹製作所とその対応を描いている。通常の業務が行われない状況下で，経営者は企業活動を継続するために，どのように情報を収集し，判断するかが問われている。

(2) 学習目標：
　　1）異常事態が発生した時の組織的対応はいかにあるべきかを分析する。
　　2）限定された環境条件下での意思決定・リスクへの対応について学ぶ。
　　3）経営者のリーダーシップについて学ぶ。

出所：慶應義塾大学ビジネス・スクール，ケース No.90-98-5114 [2)]

ぜ，そのように考えたのか？」「社長の行動は株主にどういう影響を与えると思うか？」などいろいろな視点から検討させる。また，別の討論指導者は，授業時間の大部分を発生した事件の原因分析に焦点をあてた後，「いかなるアクションが望ましいか」を中心に討論する。

　一般的に，図表7.4 に見られるように，何らかの時間配分を念頭において，討論を進める討論指導者が多い。しかしながら，クラス討論は，討論指導者が事前に計画してきたティーチング・プラン（教育計画）どおりに進まない。それは，指導者が教えたいことと学生が学びたいこととの間にズレが生じるからかもしれない。そのような不測の事態が発生した場合には，学習目標や用意してきた設問を変更して，対応しなければならない。あるいは，ミニ・レクチャーを行うなどして，知識の不足を補充し，以後の討論が円滑に進むよう配慮しなければならない。

図表7.4　タイム・プラン例

時間配分[3]	
0 － 5分：	イントロダクション
5 － 10分：	リーディング・ディスカッション
10 － 30分：	設問1に対するクラス・ディスカッション
30 － 50分：	設問2に対するクラス・ディスカッション
50 － 70分：	設問3に対するクラス・ディスカッション
70 － 80分：	ラップアップ（まとめと結論）

　もちろん，討論指導者はクラス討論中に自身の意見を述べたり，学生たちが検討していることに情報を与えるようなことはしない。そのかわり，クラスの雰囲気を和ませるために，ボディ・ランゲージ（例，表情）や，ノン・バーバルな方法（例，ジェスチャー）で対応する。学生たちが発言しているあいだは，学生の話を聞きながら教室内を歩きまわったりする。また，あまり発言していない学生には，回答しやすい問いを用意し，できるだけ討論に参加させようとする。

　それから，しばらく議論が進み，多くの意見が一定の方向に向かうように

なると，討論指導者はこれまで議論したことを学生に要約させることもあるし，討論指導者自身が要約することもある。また，意見が厳しく対立する場合には，途中で論点を整理したり，間に入ってユーモアをもって対応する。やがて，いかなるアクションをとるべきかを決定する段階に達すると，討論指導者は学生たちに投票させることもある（図表7.5）。

図表7.5　投票例

	賛成	＞	反対
より好ましい ⇧	売上と成長プラス		財務の健全化
	株主の支持		キャッシュフロー減少
	シナジー効果プラス		内部（組合など）の反対
⇩ あまり好ましくない	新市場の開拓		競争企業の反撃

　最終段階に達すると，討論指導者は討論したことを振り返り，どの解決策が妥当であったかについてコメントし，ケースの結論を一般化あるいは普遍化しようとする。その後，企業がどういう決定をしたかを知っていれば，公表することもある。その際，ケースから学ぶべきこと，についてふれることもあるし，ただ単に事実だけを語ることもある。

　クラス討論は，以上のようなプロセスを経て進んでいくが，学生は討論過程を何回も繰り返すことにより，次第に問題を的確に分析し，効率よく結論を導き出せるようになっていく。

　なお，討論指導者は，討論を促したり，学習者個人を支援したり，協働学習を促進する役割を担っていることから，ファシリテーター（Facilitator），コーチ（Coach），ディスカッション・リーダー（Discussion Leader）と呼ばれている（図表7.6）。

図表7.6　クラス討論における教師の役割

1. 討論の開始を告げ，テーマを紹介し，説明する
2. すべてのメンバーに参加を促す
3. しゃべりすぎるメンバーをコントロールする
4. 引っ込み思案のメンバーに発言を促す
5. 発言を特定メンバーに独占させない
6. テーマに関連しない発言を上手にあしらう
7. 表現（仮定，意見と事実）の違いを調べる
8. 議論がテーマから逸れないようにコントロールする
9. 議論が滞った場合には，課題を変える
10. 学生のクラス貢献を評価する
11. 主要論点をめぐる意見の対立を明確にし，調整する
12. 教師自身の意見をもち込まない
13. ときには議論の結果を要約する
14. 要点を板書する
15. 視聴覚機器を活用する
16. ケース教材間の連携をはかる
17. 概念的フレームワークを使って，一般化する
18. クラス討論（あるいは到達した結論）をレビューする

出所：Benson Shapiro，[4] および Kenneth R. Andrews[5] より作成

注

1) Mark P. Kriger, "The Art and Power of Asking Questions", Charles M. Vance, *Mastering Management Education*, Sage, pp.17-18.
2) 高田朝子，ケース「住友電気工業株式会社（A）―阪神大震災からの経営復旧―」慶應義塾大学ビジネス・スクール，ケース No.90-98-5114
なお，学習目標は筆者の見解に基づいたものである。ケース・ライターとの間に見解の相違があるかもしれない。その原因は，KBSのケースはケース・ティーチング・ノートが用意されていないこと，また，ケース・ライター以外の討論指導者がどういう科目で，どういう目的で使うかによって，変わってくる。
3) 時間配分はティーチング・ノートに書かれている場合もあるし，ない場合もある。
4) Benson Shapiro, "Hints for Case Teaching", HBS, No.9-585-012.
5) Kenneth R. Andrews, "The Role of the Instructor in the Case Method", in McNair ed., *The Case Method at the Harvard Business School*, McGraw-Hill Book Company, 1954, pp.98-109.

第8章　ケース・プレゼンテーション

　ビジネススクールの授業もクラス討論だけでは，学生たちは飽きてくる。そこで，ケースメソッドにバリエーションをもたせている。よく採り入れられている教育形態に，(1) ケース・プレゼンテーション (Case presentation)，あるいはオーラル・プレゼンテーション (Oral presentation)，(2) ケース分析レポート (Written Analyses of Cases)，(3) ケース試験 (Case examinations) がある。また，ビジネススクールによっては，(4) プロジェクト・レポート (Consulting Projects) や，(5) 交渉 (Negotiation) などのプログラムが設けられている（図表8.1）。

図表8.1　ケース・バリエーション

```
                ┌─ オーラル・           ┌─ グループ
                │  プレゼンテーション    └─ 個人
                │
                ├─ ケース分析レポート    ┌─ グループ学習
                │  （WAC）              └─ 個人学習
ケース・         │
バリエーション ──┼─ ケース試験           ┌─ 自宅持ち帰り
                │                      └─ 試験
                │
                ├─ フィールド・リサーチ
                │  （コンサルティング・プロジェクト）
                │
                └─ 交渉                ┌─ グループ
                                       └─ 個人
```

出所：Easton, 7章[1]および Ronstadt, p.5[2]

　そこで，この章では，最初に口頭（オーラル）によるプレゼンテーション（発

表）について，以下順番に解説していこう。

(1) オーラル・プレゼンテーション

　プレゼンテーション・スキルは，ビジネス専攻の学生が身につけなければならない基本的スキルの1つである。オーラルあるいはケース・プレゼンテーションには，個人によるものと，グループ（あるいはチーム）によるものとがある。グループ・プレゼンテーションの場合，プレゼンテーション・テーマとグループ・メンバー（3名から5名程度）は，報告の少なくとも数週間前にアサインされる。しかし，プレゼンテーションがうまくいくかどうかは，経験や価値観の異なったメンバー同士がお互いに目標に向かって，協働できるかどうかにかかっている。特に，限られた時間内に，効率よく報告しなければならないので，メンバー同士が最も効果的だと思う方法で，役割を分担することが不可欠である。

　一般的に，プレゼンテーションは，①ケース分析，②リハーサル，③プレゼンテーション，④ケース・レポートの提出というステップを踏む（図表8.2）。

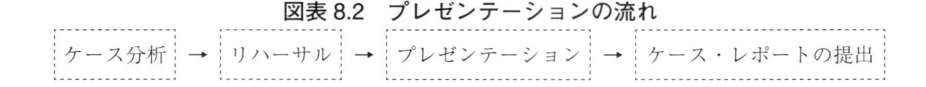

図表8.2　プレゼンテーションの流れ

ケース分析　→　リハーサル　→　プレゼンテーション　→　ケース・レポートの提出

　通常，プレゼンテーションには，「トップ・ダウン・アプローチ」と，「ボトム・アップ・アプローチ」がある。「トップ・ダウン・アプローチ」では，報告者（プレゼンター）は，最初にアウトラインを，ついで結論を先に述べ，なぜある案を推奨し，それ以外の案を採用しないのか，そしてその根拠や推奨する理由を，順次説明していく。このアプローチは最初に，結論を述べるので，聴衆者（オーディエンス）に関心をもたせるメリットがある（図表8.3）。

図表 8.3 「プレゼンテーションのアプローチ」

```
トップ・ダウン・アプローチ
  ① 序　論
        a) アウトライン
  ② 結　論
        b) リコメンデーション
  ③ 本　論
        c) 問題 (イシュー)
        d) 代替案
        e) 選択のための基準
        f) アクション・プラン
        g) 要約

ボトム・アップ・アプローチ
  ① 序　論
        a) 概要
        b) 背景
  ② 本　論
        c) 主要な問題 (メイン・イシュー)
        d) 代替案
        f) 代替案の選択
        g) アクション・プラン
  ③ 結　論
        レビュー (問題点の要約と解決策)
        リコメンデーション (推奨案)
```

出所：Easton, p.141、および、Edge, pp.77-79 より作成

　一方，ボトム・アップ・アプローチは問題の所在から，結論にいたる経緯を論理的に説明していくので，聴衆者に理解しやすいメリットがある。ボトム・アップ・アプローチの場合，①序論では，報告する概要とイシューの背景を簡略に，②本論では，メイン・イシューを中心に分析した結果と実行可能な代替案を論理的に，③結論では，本論でのメイン・イシューをレビューした後，解決策のなかから推奨すべき案，あるいは結論を述べる。

　報告者がどちらのアプローチを選択するにせよ，①序論，②本論，③結論，という構成にして報告すると，聴衆者には理解しやすい。また，報告する際，

要点を「第1点は」,「第2点は」という順番に説明していくと,論理的に展開できるうえに説得力も増す。さらに,結論を最初と最後におくと,要点がハッキリする。このほか,重要なポイントは繰り返すなど,聴衆者を意識したテクニックが,報告者に求められる。

プレゼンテーションが成功するかどうかは,事前の計画と周到な準備にかかっている。準備段階で,各メンバーが効果的にプレゼンテーションする方法や,アイデアを,図表8.4のワークシートに書き込んで,グループ・ミーティングに臨めば,効率よくミーティングを進めることができる。

図表8.4 「プレゼンテーション・ワークシート」

①　クラス,プロジェクト名 & 日時：
②　テーマ：
③　オーディエンス：(聴衆者はだれか)
④　服装：(カジュアルか,それともビジネス・スーツ着用か)
⑤　プレゼンテーション
　・オープニング：注目を集めるには
　・コンテンツ：どのようにしたら,伝えたいメッセージを聞いてもらえるか
　・エンディング：インパクトを与えて終了するには
　・プレゼンテーション・エイド：いつ,どこで,最も効果的な方法は
　・レスポンス：予想される質問とその対応は

出所：Ronstadt, p.194を参考に作成[2)]

プレゼンテーション・ワークシートは,a) テーマ,b) 聴衆者,c) メッセージ(コンテンツ),d) レスポンスなどの項目から構成される。

a) 「テーマ」欄には,プレゼンテーションするテーマや主張を記す。

b) 「プレゼンテーション」には,必ず「聴衆者(オーディエンス)」がいる。プレゼンテーションの出来・不出来は,聴衆者に与える影響で判定できる。それゆえ,聴衆者はどのような人たちか,そしてどのくらい予備知識をもっているか,を確認する。

c) "最初が肝心"という言葉があるように,「オープニング」の段階では,聴衆者に興味をもって聞いてもらうことである。聴衆者の注目を集めるには

どうしたらよいか？ 報告者のメッセージをできるだけわかりやすく，正確に聴衆者に伝えるにはどうしたらよいか？ 聴衆者の知識と，伝えようとするメッセージとの間にギャップがあるか？ もし，あるとすれば，どの程度の予備知識を与えればよいか？ そのために，ハンド・アウトする資料が必要か？ 必要ならば，どのような資料を準備したらよいか？ を検討する。「エンディング」の段階では，聴衆者にどのようなインパクトを与えて終了すればよいか？ プレゼンテーション・エイドとして何が利用できるか？ もし，利用できるとしたら，どのように使えば効果的か？，を検討する。

d) 報告者は，聴衆者にどのようなレスポンスを求めているか？ 逆に，聴衆者からどのようなレスポンスが予想されるか？ を念頭におき，必要と思われる事項をワークシートに書き込む。

　通常，口頭によるプレゼンテーションよりも，ビジュアル・エイド（図表・写真・動画）を使い，視覚に訴えたほうが聴衆者には理解しやすい。特に，報告内容が複雑な場合はスライドを見せる，あるいはスプレッド・シートを使って報告すると，より効果的である。

　実際のプレゼンテーションでは，報告者は聴衆者の前に立ち，できるだけ自然に，ゆっくり，はっきり，そして聴衆者の動向に注意を払いながら，話し始める。もし，聴衆者が報告にあまり関心を示さないようであれば，報告に変化をつける。例えば，報告者は立っている位置を変える，あるいは声のトーンを変える，聴衆者の顔をみながら話しかける，ジェスチャーを使うなどの工夫が報告者に求められる。プレゼンテーションが終了すると，報告者は，聴衆者や教師から何らかの評価を受けることになる。評価基準には，以下のような項目があげられるが，シェイラは特に，「ケース分析の質と完成度」と，「リコメンデーションの実行性」を重視している（図表8.5）。

図表 8.5　プレゼンテーション評価基準

```
a)  ケース分析の質と完成度
b)  リコメンデーションの実行性
c)  ビジュアル・エイドを使って，コンテンツを表現する能力
d)  プレゼンテーションの出来ぐあい
e)  相手の関心，理解に合わせて説明する能力
f)  報告者の服装，姿勢
g)  報告者のマナー，動作
h)  質疑応答する能力，自己の立場を擁護する能力
```

出所：Sheila, p.45[4)] を修正

(2) ロール・プレイングを伴うプレゼンテーション

　ロール・プレイングは，新入社員の教育，例えば，電話の応対や接客といった基本的技能の習得と向上を狙いとした企業研修を中心に，広く活用されている。当然，ビジネススクールのカリキュラムのなかにも，ロール・プレイングを伴う授業がある。例えば，「リスク・マネジメント」の授業では，ある場面（例，ある事件に遭遇した状況）を設定し，学生にその場面における特定人物（例，広報担当）の役割（ロール）をアサインし，プレイ（例，記者会見場での報告とその即答）させる。役割をアサインされた学生は，当然用意周到に準備するが，アサインされなかった学生たちは予習してこない可能性がある。そこで，教師は，アサインされなかった学生たちにも，何らかの役割を与えようとする。例えば，ケース「アッシュランド石油会社 (A)」では，教師は数人の学生に，石油流出に遭遇した同社広報担当の役割をアサインする。指名された学生一人ひとりは，設定された記者会見場（教室）で報告する（図表 8.6）。

　一方，アサインされなかった学生たちは，地方新聞の記者（例，図表 8.6 の学生 A と B），テレビ局のインタビュアー（例，学生 C と D），地元の代表者（例，学生 E と F）の役割をアサインされる。これら学生たちは，記者会見の席で，それぞれの立場から質問し，広報担当者（例，報告者学生 G, H の順）は即答する。同時に，ティーチング・アシスタントは，この様子をビデオに録画し，テープは後日報告者に渡される。

図表8.6　ケース例22「アッシュランド石油会社（A）」

アッシュランド社首脳は，ピッツバーグ郊外にある石油タンクが崩落し，数億ガロンのジーゼル油がタンクから，オハイオ河に流出している，との報を受けた。
　現在，地元関係者が，懸命に汚水の浄化作業を行っているが，悪くすると，ペンシルバニア州，オハイオ州，西バージニア州住民の生活水に，影響を与えることが予想される。
　同社の広報担当は，タンクからの流出状況，下流への汚染とその対応などを，地元メディアの前で報告することが求められている。

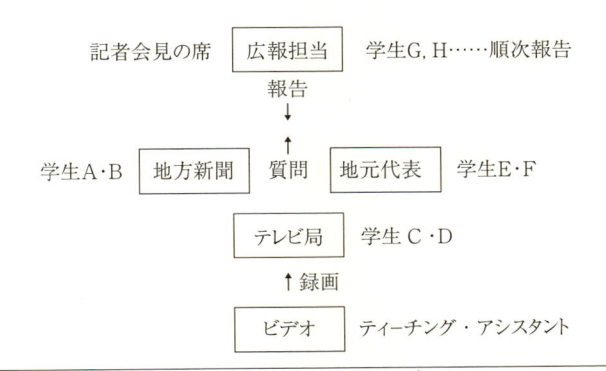

```
記者会見の席　┌広報担当┐　学生G, H……順次報告
              └────┘
                 ↓
                報告
                 ↑
学生A・B　┌地方新聞┐  質問  ┌地元代表┐　学生E・F
          └────┘        └────┘

         ┌テレビ局┐　学生C・D
         └────┘
            ↑録画
         ┌ビデオ┐　ティーチング・アシスタント
         └───┘
```

出所：HBS, No.9-390-017 [5)]

(3) コンペティションを伴うプレゼンテーション

　同一のケースを，複数のグループがプレゼンテーションすることがある。その目的は，グループ間に競争意識を持たせ，優劣を競わせることにある。具体例をあげよう。グローバル・マーケティングのケースに「スズキ・サムライ」がある（図表8.7）。ケースは，アメリカ市場に参入しようとするスズキ自動車が，だれ（見込客）をターゲットとするか，発売予定の車をどこにポジショニングするか，そして，どのような広告および販売促進活動を展開したらよいか，を問うものである。
　アサインされた複数のチームは，広告会社の立場に立って，取引先（スズキ）のマネージャーの前でプレゼンテーションする状況におかれる。通常プレゼンテーションの出来ばえは，アサインされなかった学生たちと教師によって評価されることになるが，ときにはゲスト（例，関係者）が判定に加わることもある。

図表 8.7　ケース例 23「スズキ・サムライ」

　1980年代スズキ自動車㈱のアメリカ子会社は,「スズキ・サムライ」というブランドで, 乗用車市場に参入しようとしている。市場参入にあたり, クルマのコンセプト, ポジショニング, ターゲットとする顧客層に対して, どのようなマーケティング戦略をとるべきか, の検討を広告代理店に依頼した。

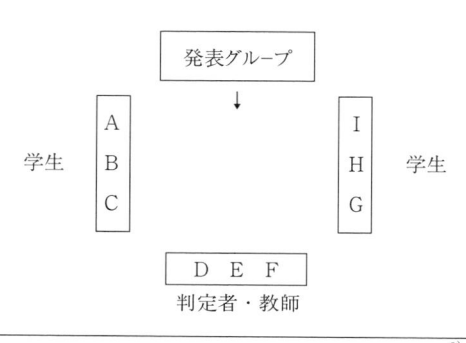

```
                    ┌─────────┐
                    │発表グループ│
                    └─────────┘
                         ↓
              ┌─┐                 ┌─┐
              │A│                 │I│
         学生 │B│                 │H│ 学生
              │C│                 │G│
              └─┘                 └─┘

                  ┌─────────┐
                  │ D  E  F │
                  └─────────┘
                   判定者・教師
```

出所：John A. Quelch & Paul W. Farris, pp.145-170 [6)]

(4) ケース・ディベート

　コロラド大学デンバー校では,「経営政策」「組織行動」「人的資源管理」「公共政策」の授業で, ディベート方式を採用している。長年「経営政策」を担当してきたスチュワート教授ら[7)]は, ケースに記されている2つ（ないし3つ以上）の案について, 第1案を支持する側（Aチーム）と, 第2案を支持する側（Bチーム）などに学生たちを割り振り, ディベートさせている。2（ないし3）案とも強みと弱みがあり, どちらの案も甲乙つけがたい案ならば, 相手チームの主張を論破するために, 議論は白熱し, 盛り上がる。

　ケース・ディベートを行うメリットには, a) 学生のモチベーション, b) チーム（グループ）学習による分析能力, c) 思考・質問・擁護する能力, d) プレゼンテーション・スキル, e) チーム・ビルディング・スキルなどの向上が期待できる。

　一方, 通常のプレゼンテーションと同様に, a) 焦点の定まらない議論に終始する, b) しばしば学生は, 自チームのメリットのみを強調し, 相手チーム

の弱点を過度に批判する，c）2チームとも同じ戦略を提案する可能性がある[7]，d）相手チームを傷つける発言をする恐れがある。これらの問題が生じたさい，教師はバランスのとれた批判をするよう指導したり，チーム同士が険悪な状況に陥ったときは話に割って入る，あるいは"ユーモア"を投げかける。

ディベート向きのケースに「ドライ・クリーク・ヴィニヤード」がある。このケースでは，学生はチーム（売却案支持側と対買収案支持側）に分かれて，説得力を競い合う。そして，どちらのチームの論理が優れていたかは，教師らによって審査される。

ケース例 24 「ドライ・クリーク・ヴィニヤード」

　ドライ・クリーク・ヴィニヤード社は，カリフォルニア・ワインを供給企業として市場で高い評価を得ている。オーナー経営者はワイン業界の構造と今後の趨勢をにらみながら，自社を売却する案から，同業他社を買収する案まで，いくつかの選択肢を考えている。

出所：KBS, p.85[8]

前述したコロラド大学では，ケース・ディベートの評価は，7つの基準から構成されている（図表8.8）。

図表 8.8　ケース・ディベート評価シート

	1 不可	2 可	3 良	4 優	5 秀
1. 知識 （会社の状況とメイン・イシューを十分理解している）					
2. 分析力 （戦略案策定のための分析，効果的な分析ツールを使う）					
3. 戦略計画 （健全な戦略；強みと弱みおよびリスクの認識）					

4. 反駁 （他のチームからの批判と，提案に対するディフェンス）					
5. 準備 （明瞭で首尾一貫したプレゼンテーション，ビジュアル・エイドの効果的な使い方）					
6. 時間の使い方 （プレゼンテーションに要した時間）					
7. 態度・振る舞い （予期せぬ質問に対する対応能力）					

出所：Kim A. Stewart, pp.57-59[7]

注

1) Geoff Easton, *Learning from Case Studies*, 2nd ed., FT Prentice Hall, 1992, Chapter 7.
2) Robert Ronstadt, *The Art of Case Analysis*, Lord Publishing, 1993, p.5.
3) Al Edge, *The Guide to Case Analysis and Reporting*, System Logistics, 1991.
4) May Sheila, *Case studies in business: a skille-based approach*, Pitman Publishing, 1984, pp.57-62.
5) HBS ケース『アッシュランド石油会社（A）』No.9-390-017
6) John A. Quelch & Paul W. Farris, "Cases in Advertising and Promotion Management" 4th ed., IRWIN, 1994, pp.145-170, HBS, Case, No.9-589-028.
7) Kim A. Stewart & Joan Winn, "The Case Debate A New Approach to Case Teaching", *Journal of Management Education*, 1996, pp.57-59.
   なお，110 回以上におよぶケース・ディベートでは，同じ提案を選択したチームはなかったと報告している。
8) 慶應義塾大学ビジネス・スクール『教材リスト』1994 年，p.85

第9章　ケース分析レポートとケース試験

(1) ケース分析レポート (WACs)

　ビジネススクールには，ケースを分析し，レポートを作成する授業「WACs (Written Analysis of Cases, あるいは Case Analysis and Presentation)」がある。「ケース分析レポート（通称，ワック）」が科目として独立していると，次のようなメリットがある。[1]　第1に，第1学年で履修する科目全般にわたるケースを使用することができることから，実際的な意思決定を行う訓練ができる。第2に，[2]年間を通じて，簡単な問題を扱った短いケースから，複雑で解決困難な問題が含んだ長いケースのレポート作成へと，段階的に進むことができる。

　第1学年では，ほぼ2週間に1回の割合，年間で16回前後のレポート作成課題が与えられる。レポートは，ケースが与えられてから数日くらいの間（例，木曜日の午後に配布，土曜日の昼）に提出しなければならないから，1年生は常時レポート作成課題をかかえていることになる。提出されたレポートは，各専門分野の担当者が採点して学生に返却されるが，通常採点者のコメントがつくことになっているし，ときには分析例が添付されることもある。第2学年になると，レポート作成課題は，各科目の担当者それぞれの判断に任されている。多くの担当者は，学期ごとに1，2回のレポートを提出させるが，レポート課題は各科目の主要テーマと関連したものになる。与えられるケースも，第1学年と比べて，より複雑で，現実に近い問題が含まれたものとなる。レポートの種類も第1学年と同じように，自分一人でまとめるレポートもあるが，もっと大がかりな調査研究（フィールド・リサーチ）の成果として学期末に提出するレポート，つまり，学生たちがチームを組んで，企業の経営上の問題を現地調査してまとめるプロジェクト・レポート（後述）もある。

(2) レポートの作成

　レポート作成は，コミュニケーションの訓練に役立つ，といわれている。通常レポートは，マネージャー向け，あるいは特定の役員に対してであれ，ある特定の対象（オーディエンス）を想定して作成される。それゆえ，学生に対して，レポートがだれに提出されるか，を想定してレポート作成課題を与える場合が少なくない。学生が提出するレポートは，レポート内容にもよるが，おおよそ ① 概要（アウトライン），② 本体，③ 付録（アペンディックス）から構成される（図表 9.1）。

図表 9.1　ケース・レポートの構成例

```
概　要（アウトライン）
    a）表紙
    b）目次
    c）管理職向け要約
本　体
    a）序論
    b）本論
        b1）決定
        b2）現状分析
        b3）代替案
    c）結論
        c1）結論
        c2）勧告（リコメンデーション）
        c3）要約（必要があれば）
付　録（アペンディックス）
```

出所：Slaughter[3] および Edge[4] を参考に作成

① 概要（アウトライン）

「概要（アウトライン）」は，a）表紙，b）目次，c）要約から構成される。

a）　ペース大学の場合，「表紙」に，ケース・タイトル（あるいは表題），提出先（あるいは宛て先）名，レポート提出者名，提出日，提出者の連絡先の記入を指定している（図表 9.2）。

図表 9.2　表題例

```
        ケース・タイトル名

        ケース・レポート


                    著者名，連絡先
                    提出日

                    提出先名

                    科目名
```

出所：Keegan, p.7[5] を参考に作成

b)「目次」には，各章の見出し（ヘッディング）とページ番号がふられるが，図表9.3は，経営戦略のケース「スタンダード・オイル・インディアナ」の目次例である。

図表 9.3　目次例

```
       目　次                                    ページ
       要　約 ……………………………………………… 1
  Ⅰ    背　景 ……………………………………………… 2
  Ⅱ    分　析 ……………………………………………… 3
          A  産業分析
          B  企業分析
          C  戦略的イシューの分析
              1  財務比較
              2  生産
              3  研究開発
  Ⅲ    戦略的イシューの記述 …………………………… 6
  Ⅳ    解決策 ……………………………………………… 8
              1  考慮した代替案
              2  勧告（リコメンデーション）
  Ⅴ    付　録 ……………………………………………… 10
```

出所：Edge, p.70[4] を修正

c)「要約」には，レポートの主題とリコメンデーション（勧告）あるいは結論を概要する。例えば，報告者（プロジェクト・グループ）は，宛て先（オーディエンス）向けに，リコメンデーションあるいは結論を1ページ内に要約する。通常，報告書の結論は最後のページに，ビジネス報告書の要約は最初のページにもってくる。

② 本体

　レポートの中心となる部分で，通常上司（マネージャー）向けに作成する。一般的に，レポート本体は，a) 序論（イントロダクション），b) 本論，c) 結論から構成される。

a)「序論」は，報告者が焦点をあてる部分，例えば，企業のおかれている状況（問題の記述），問題の背景と複雑さ，レポート目的の提示（解決），主要な勧告（ただし，読者が到底受け入れがたい勧告は除く）を，1～2段落程度で述べる。

b)「本論」は，レポートの種類によっても異なるが，b1) 決定，b2) 分析，b3) 代替案（解決案）の項目から構成される。

　b1)「決定」の項では，決定あるいは解決すべき問題にふれ，その理由を述べる。

　　　また，必要があれば，企業目標あるいは決定基準についてふれる。

　b2)「分析」の項では，消費者行動分析，財務分析，状況分析した概要や，分析結果を，図解したチャートやグラフが含まれる。また，分析にある種の仮定（あるいは仮説）を設ける場合，その理由についてふれる。

　b3)「代替案」の項では，合法的かつ実行可能な代替案のみを提示する。いろいろな代替案を比較する場合，受け入れられる可能性の低い案から，受け入れられる可能性の高い案の順にならべ，各案の強みと弱みを検討する。

c)「結論」は，c1) 結論と，c2) 勧告（リコメンデーション）の項目から構成されるが，ときには，これに3) 要約（サマリー）が加わることもある。

c1)「結論」の項では，代替案の分析から得られた論拠をもとに結論を導き出す。

c2)「勧告」の項では，勧告理由とその実施にあたってどんなステップを踏んだらよいか，を記す。

c3)「要約」の項では，調査結果を簡潔に概説する。そして，報告者が読者に対して，「勧告」が「序論」でふれた問題に適合したものであるか，を記す。また，将来起こりうる結果についてのアドバイス（助言）についてもふれる。

③ 付録（アペンディックス）

付録には，レポート本文に含めることができなかった事実や，主張を裏づける資料や図表が含まれる。レポートに付録を設ける目的は，レポート本文に含めることができなかった事実や，主張を裏づける資料や図表が含まれる。それは，本文をできるだけ簡潔にする，オーディエンス（マネージャー）にとってテクニカルな部分や，報告者の主張を裏づける計算結果などの根拠を載せるためである。

以上のほか，A4サイズのペーパーにダブル・スペースでタイプして提出する，などの要件が加わる。

レポート作成課題を学生に与える場合，多くの教師は何らかのレポート・ライティングのガイドライン[6]を与えている。また，学生向けに市販されているテキスト，例えば，ロン・シュタット「ケース分析のアート」[7]や，アル・エッジ「ケース分析とレポート・ガイド」[4]にも，"レポートの書き方"が例示されている。このほか，出版されているケース＆テキストのなかにも，ケース分析レポート例が示されている。例えば，ダルリンプルらが編集した「マーケティング・マネジメント」のなかにも，ケース「クック社」のケース分析とレポート例が示されている（図表9.4）。

図表 9.4　ケース例 25「クック社 (Cook, Inc.)」

　クック (Cook, Inc.) 社は，ビルとクックが資本金 2500 ドルでスタートしたベンチャー企業で，アパートを工場に改築した小企業であった。創立当初クック社は，心臓脈管診断用機器の製造と販売に従事していたが，最近同社はセールスマンから外科医ラーヴィックが開発した医療用オシレーターを知り，その製造権を獲得した。

　その後，同社は試作品を作成し，技術的に改良を重ねた結果，製品としての見通しがつくようになった。そこで，この製品を従来の製品系列に加えるべきかどうかの決断が同社首脳に問われている。

クック社のレポート構成

1. 中心的問題
2. 分析
    1) 代替案
        a) 現状維持案
        b) オシレーターを製品系列に加える案
    2) 現状
    3) マーケット・ポテンシャル
    4) 製品設計
    5) プロモーション
    6) 流通チャネル
    7) 価格
3. 決定
    a) セールスマンに対するインセンティブ
    b) コミッション 10％アップ
    c) セールスマン 1 名追加
4. アクション・プラン
5. コンティンジェンシー・プラン
6. 結果

出所：Dalrymple, Parsons, Jeannet, pp.12-15[8] より作成

　ケース分析レポートの作成は，学生の分析的能力 (Analytical Skill) を涵養するうえできわめて重要である。この種の能力を第 1 学年の間にある程度蓄積できるようにするためには，レイモンド[9]は，次の 3 点が必要であると述べている。

　第 1 に，第 1 学年のコースのなかでケース分析を行うためのガイダンスを行うべきである。第 2 に，第 1 学年の間にケース分析レポートを数多く手がけるようにすべきである。第 3 に，ケース分析レポートの概要や要点をまとめる段

階では,グループによるケースの討議・分析を協力して行うよう指示する必要がある。もちろん,その後のレポート作成作業は,個々の学生が独力で進めるべきである。

　レポートの作成は,コミュニケーション・スキルの向上にも役立つ。それゆえ,学生は,日ごろからレポート・ライティングの基本を身につけておくことである。例えば,まず,第1に,レポートを書く目的は何か,何のために,何を言おうとしているか,をハッキリさせる。第2に,自分の考えをどのようにオーディエンス(読者)にうまく伝えられるか,である。すべてのコミュニケーションには二者,すなわちメッセージの送り手(センダー)と受け手(レシーバー)がいる。伝えるメッセージには,実際に書く文章と使用する図表が含まれるが,意図するメッセージをどうやって受け手(読者)に伝えられるか,を考慮しながら,文章の構成・文体・内容を決める。第3に,オーディエンス(読者)にどのような反応を求めるか,を考える。オーディエンスがレポートを読んで,問題点を把握したいというのならば,容易に理解できる形に,またオーディエンスにコメントやアクションといった反応を求めるのならば,そのような文章構成にする。

　当然,日本語にも英語にも文章作法がある。レポートは,話し言葉ではなく,書き言葉の表現で書かなければならない。文法的には正しくとも,わかりづらい文や,学生自身の意図が相手に伝わらないような文章では,相手(読者)が満足するレポートにならない。文の長さや段落の設定,読点の打ち方,文章の構成に気をつける,事実と意見の違いを区別して書く,学習者自身の意見の根拠を明確に示すなどはライティングの基本である。[10]

(3) レポート評価

　提出されたレポートは,採点担当者によって採点されることになるが,a)採点担当者が要求している書式にそって作成されているか,b)メイン・イシュー(主要な問題)を明確に指摘しているか,c)メイン・イシューに関する分析は正確か,合法的か,d)メイン・イシューに対する代替案の提示とその

評価（メリット，ディメリット）を指摘しているか，e）妥当なリコメンデーションと，その具体的なステップにふれているか，f）文章は完璧で，構成もしっかりしているか，g）テーマにそっているか，論理は一貫しているかなどの観点から評価される。

レポート・ライティングで学生が犯しやすい点として，ケロッグは[11]，a）ケースに記述されている内容を単純に繰り返す，あるいは同一表現を繰り返す，b）分析に必要なデータが抜けている，c）不適切な数値処理や誤った解釈，d）結論を導く論理が不十分，e）レポートの構成やまとめかたが不十分，f）あいまいな文章表現，g）文法ミスやタイプ・ミス，h）ケース対象外の事柄に言及するなどをあげている。

さらに，ケロッグは，"学生は，主人公の視点に立って，レポートを作成していない。レポートは，組織のなかの特定のオーディエンス（読者）に対して書かれるものである。ビジネス・レポートを書くということは，組織におけるポリティカルな状況を認識したうえで書かなければならない" と指摘している。そして，レポート内容（例，勧告）が，ステークホールディング・オーディエンスにどのような影響を与えるか？[12] ステークホルダーは，どの程度支持するか？ もし，この提案を実行した場合，だれが不利益を被るのか？，どの程度のスピードで，変革しようとするのか？" など，組織のポリティカルな側面を配慮する重要性を強調している。

(4) ケース試験 (Case Exam)

ケース分析レポートとならんで，ケース試験がある。通常，ケース試験には，① 通常の試験形態と，② 自宅にもちかえる形態とがある。

① ケース試験は，基本的には通常の試験と同じである。試験を実施する目的は，ケースで学んだことをどれだけ覚えているかをテストするものではなく，学生の分析能力をテストするものである。試験問題として与えられるケースは，学生がまだ目をとおしたことのないケース，あるいは新たに開発されたケースであって，学生は，コースで身につけたコンセプトやツールを駆使して，その

ケースを分析しなければならない。ケースの内容が新しいばかりでなく，制限時間（通常3〜4時間）内に，学生は分析し，考えをまとめ，自分の意見と勧告（リコメンデーション）を文章にして表現しなければならない。[13]

　ケース試験を実施する場合，当然どのようなケースか，予想する学生が出てくる。出題されるケースを予想することは，決して悪いことではない。なぜなら，学生のタスクは，できるだけ高い評価を得ることだからである。しかし，必ずしも予想は当たるとは限らない。どのようにしてケースが選定されるか，そのプロセスを理解していないと，予想は当たらない。例えば，ケースは一人あるいは複数のスタッフ（試験担当者）によって選定されるかもしれないし，あるいは昨年とは別のスタッフに変わったかもしれない。一般的に，スタッフは学生をだます意図はない。どのようなケースか，を予想することは，学生の関心事である。そして，多くの学生は，どのようなケースで，どのような設問か，どのような基準で採点されるのか，学生同士で情報交換する。そうすれば，予想精度が少しあがるだろう。さらに，以前どのようなケースが使われたか，過去の受験者（先輩）や過去の出題から精度の高い情報が得られる。集めた情報から2つのことが明らかになる。まず第1に，カバーすべき領域や準備すべき中心分野が明らかになる。第2に，情報を分析することにより，どのような質問だったか，例えば，特定の質問かそれとも一般的な質問か，理論的な質問かそれとも実際的な質問か，などより，その傾向が明らかになる。このことから，学生は試験対策を練ることができる。[14]

　② 教師が「自宅にもちかえる」形態を選択した場合，ケース分析レポートと同じ形態になる。この場合，学生がケースを受け取った時点から提出するまでの時間は，ケース分析レポート（WAC）よりもより時間的（半日〜1日程度）に制限されたものになる。しかしながら，この種の試験には大きな欠点がある。それは，ケースを受け取った学生本人が直接回答したものか，他人が代筆してきたものか，判定できないからである。そこで，第3の試験形態では，ケースは事前に学生に配付され，自宅で予習する。そして，試験当日学生は試験場で設問を読み，回答する。

ケース試験以外に,教師は授業中スモール・テスト(試験)を実施することがある。その背景の1つに,学生の多様性(例,外国人学生の増加)がある。討論型授業では,クラス貢献が学生の評価に大きなウエイトを占めている。それゆえ,全体討議(クラス討議)の場で発言しない学生,討論に加われないあるいは不慣れな学生たち(例,日本人)は,相対的に低い評価を受けることになる。そこで,ある教師は[15],ケース討論授業の最後に時々スモール・テストを行い,これら学生をアセス(査定)している。

注

1) Thomas J. Raymond, "Written Analysis of Cases", M. P. McNainer, *The Case Method at the Harvard Business School*, McGraw-Hill, 1954, pp.139-143.(慶應義塾大学ビジネス・スクール訳『ケース・メソッドの理論と実際』東洋経済新報社,1977 年,pp.169-202)
2) 1年制のビジネススクールの場合,前期(1・2学期)半年で8回レポート作成。
3) Kathleen E. Slaughter, "Note of Report Writing for Western Business Students," No.9-91-L009, Richard Ivey School of Business, The University of Western Ontario, Canada, 1991.
4) Al Edge, *The Guide to Case Analysis and Reporting*, System Logistics, 1991.
5) Warren J. Keegan, "Intructor's manual, International Marketing", Pace University, 1989, p.7.
6) 例えば,ウエスタン・オンタリオ大学,ペース大学などの大学では,独自にレポート作成ノートを用意している。
   Kathleen E. Slaughter, "Guidelines for Power Commication(A)", Richard Ivey School of Business, The University of Western Ontario, No.9B00C005, pp.4-6.
7) Robert Ronstadt, "The Art of Case Analysis", Lord Publishing, 1977-1993.
8) Douglas J. Dalrymple, Leonard J. Parsons, Jean-Pierre Jeannet, "Cases in Marketing Management", John Wiley, 1992, pp.8-15.
9) Thomas J. Raymond, op.cit, pp.139-143.
10) 橘 由加『アメリカの大学教育の現状―日本の大学教育はどうあるべきか―』三修社,2004 年,pp.142-148
11) Diane Mckinney Kellogg, Bentley College, "Assigning Business writing to increase the learning potential of case course", *Journal of Management Education*, Feb, 1991.
12) ステークホールディング・オーディエンス(Stakeholding Audience):提案に

よってなんからの影響を受けるかもしれない人々を指している。その場合，直接利益を受ける人（First beneficiaries）と間接的に利益を受ける人（Secondary beneficiaries）に分かれる。そして，不利益を被る人を犠牲者（victim）という。イマージング・ステークホルダー（Emerging Stakeholder）は提案に対して，ステークホールディング・オーディエンス（Audience）のなかから，不利益を被る人々が出現したり，なんらかの便益（Benefits）を受ける人々が出現する。
Guba, E. G. and Lincoln, Y. S., *Fourth Generation Evaluation*, Sage, 1989.

13) Robert W. Mery, "Use of Case Material in the Classroom", pp.111-113.
McNainer, *The Case Method at the Harvard Business School*, McGraw-Hill, 1954.（ロバート・W・メリー「教室におけるケースの用い方」慶應義塾大学ビジネス・スクール訳『ケース・メソッドの理論と実際』東洋経済新報社，1977 年, pp.155-168）
14) Geoff Easton, *Learning from Case Studies*, 2nd ed., Prentice Hall, 1992, pp.208-209.
15) 例，インディアナ・ビジネススクールのブラッドレー教授

第10章　プロジェクト・レポート

　この章では，実際の企業を訪問し，調査結果をもとにレポートを作成するプロジェクト・レポート（あるいはレポート・プロジェクト），これにプレゼンテーションを加えたコンサルティング・プロジェクトについて，解説しよう。

　ハーバード・ビジネススクールのレイモンド教授[1]は，"ケースメソッドでは，学生にケースを開発する訓練を与えていないのが普通である。この点がケースメソッドの１つの欠陥となっている。学生は，ビジネスのある状況を書かれているケースを手渡される。ケースにはその状況をめぐる事実や数字が含まれており，いくつかの問題に学生の注意が向けられるように書かれている。しかし，現実のビジネスを模したものとしては不完全である。ビジネススクールの教育を受けた卒業生が，実業界に入ったからといって，ケースに書かれているような状況に直面することはほとんどない。それゆえ，自分でビジネスの現場を調査して，どのような状況におかれているか，そしてどのような問題があり，解決すべき問題はなにかをレポートにまとめなければならないことになる。プロジェクト・レポートは，ケースメソッドのこのような欠陥をある程度是正することに役立つものである。プロジェクト・レポートを作成するためには，学生はまずケースとして取り上げる状況を発見し，その実情を把握し，それをケースとしてまとめあげ，ついでそれをどう分析したかを示し，それに基づいて，どのような対策を講じたらよいかを提示しなけらばならない"と述べている。この点に関して，ペース大学のキーガン教授も[2]，"プロジェクト・レポートを学生に課すかどうかは，教師にとってオプションである。もし，スケジュールに余裕があれば，プロジェクト・レポートを学生に課し，レポートを作成させることは，学習上きわめて重要である"と述べている。

「プロジェクト・レポート」をカリキュラムに採り入れているビジネススクールがいくつかある。[3] なかでも，スイスの IMD は「インターナショナル・コンサルティング・プロジェクト（International Consulting Project）」を採り入れている。1980 年にスタートしたこのプロジェクトには，現在 30 カ国 250 社（重複除く）が，プロジェクトのスポンサーになっている（図表10.1）。

図表10.1　1980-2003 年　国別スポンサー企業

国	社数	国	社数
スイス*	91 社	イタリア	3 社
オーストリア	2 社	ラトビア	1 社
オーストラリア	3 社	リヒテンシュタイン	1 社
ベルギー	4 社	オランダ	14 社
ブラジル	4 社	ノルウェー	3 社
カナダ	2 社	ポーランド	2 社
チェコ	2 社	ポルトガル	1 社
デンマーク	10 社	サウジアラビア	1 社
エジプト	1 社	シンガポール	1 社
フィンランド	12 社	南アフリカ	1 社
フランス	22 社	スペイン	8 社
ドイツ	14 社	スウェーデン	8 社
ギリシャ	2 社	タイ	1 社
ハンガリー	2 社	イギリス	23 社
インド	2 社	アメリカ	9 社

注＊：スイス企業の場合，多国籍企業
出所：2005 年 IMD 提供資料より作成[4]

　このプロジェクトに協力している企業は，図表10.2 に見られるようにエレクトロニクス，金属，石油化学，エネルギー，セメント，テレコミュニケーション，プロセス制御，医療用機器，輸送機器，ヘルスケア，IT セキュリティ・システム，バイオメトリックス，食品，ファースト・フッド，ワイン，e-コマース，金融サービス，インターネットサービス，高級衣料，運輸・流通，スポーツ商品，レジャー，ホテルなどきわめて多岐にわたっている。

図表 10.2　1980-2003 年　スポンサー企業例

ABB	GE キャピタル
バクスター	アディダス
ブラウンボベリ	フォード欧州
キャタピラー	ボーダフォン
チバガイギー	バイエル
ジェネラル・モータース欧州	ノキア
ユニオン・バンク・スイス	フィリップス
シーメンス	ペプシコフッド国際
レゴ・システム	ボッシュ
ディズニーランド・パリ	エリクソン
シティ・バンク	サッチ＆サッチ
ヒルトン	IBM 欧州
GM 欧州	ヒューレッド・パッカード
S. M. H/SWATCH	ナビスコ

出所：2005 年 IMD 提供資料より作成[4]

　コンサルティング・プロジェクトは，他のビジネススクールで実施しているプロジェクト・レポートと比べて，いくつかの違いがある。
① 　図表 10.3（対象領域）および図表 10.4（スケジュールとフェーズ）に見られるように，プロジェクトは 4 カ月間にわたる本格的なもので，フェーズ 1（産業分析），フェーズ 2（企業分析），フェーズ 3（イシュー分析），フェーズ 4（実行計画の作成）から構成されている。

　　プロジェクト・チームは，フェーズ 2 と 3 の段階から，現地企業に直接出向いて，調査し，分析した結果を役員に報告する。役員に講評されるとなれば，クラス・プレゼンテーション以上の準備が，学生に求められる。フェーズ 4 では，クライアント企業の役員やプロジェクト・ディレクターにリコメンデーション（実行にうつすガイドラインを含む）レポートを作成して，プロジェクトは終了する。
② 　IMD は，CEO を含むスポンサー企業のトップマネジメントに対して，プロジェクトに深く"インボルブ（関わる）する"こと，そして，強く"コミッ

図表 10.3　プロジェクトの対象領域

```
                    ┌─── ケース・スタディーの対象領域 ───┐
┌─────────┐   ┌─────────┐   ┌──────────────┐   ┌──────────────┐
│ 情報の収集 │ → │ 情報の分析 │ → │ リコメンデーション案 │ → │ リコメンデーション案 │
│          │   │          │   │   の作成      │   │   の実行      │
└─────────┘   └─────────┘   └──────────────┘   └──────────────┘
     ↑                                                  │
     └──────────────────────────────────────────────────┘
```

図表 10.4　プロジェクトのスケジュールとフェーズ

前半のスケジュール	1月	3月	4月	5月	6月	7月
プロジェクトの申込みと締切り	○					
学生に対するプレゼンテーション		○				
チームの編成			○			
プロジェクトの設立				○		
スポンサーとのミーティング					○	
夏休み						─

後半のスケジュール	8月	9月	10月	11月
フェーズ1　産業分析 　事実の収集と分析 　教授へのプレゼンテーション 　顧客企業へのプレゼンテーション	通常の授業	○ ○	リクルート活動	選択科目 通常の授業
フェーズ2　企業分析 　実地調査と分析 　教授へのプレゼンテーション 　顧客企業へのプレゼンテーション		○ ○		
フェーズ3　イシュー分析 　実地調査と分析 　教授へのプレゼンテーション 　顧客企業へのプレゼンテーション			○ ○	
フェーズ4　インプリメンテーションと報告 　インプリメンテーション・プランの定義 　と顧客企業へのレポート 　プロジェクト・ディレクター向けレポート			○ ○	

出所：2004年IMD資料より作成[4]

ト（委ねる）する"ことを求めている。ここで，"インボルブメント"とは，フェーズ2および3におけるチーム・プレゼンテーション（含む勧告）に対して，担当役員が何らかの決定を下すことを意味する。さらに，"コミットメント"とは，プロジェクトを公的に従業員に知らせる，またチーム・メンバーが，プロジェクトに必要な情報を自由に入手できる，そしてチーム・メンバーと緊密に共同作業するスタッフをアサインする，ことを意味する。

③ プロジェクトの担当者は，コンサルティング経験のあるベテラン教授や，特定の分野に精通している教授が選定されるが，当然担当教授のプロジェクト指導能力が問われる。

コンサルティング・プロジェクトには，3つのメリットがある。

① まず，"収益改善に結びつく"などのベネフィット（便益）がスポンサー企業に期待できる（図表10.5）。過去のサーベイ（回答率80%）から，第1に，ケース・スタディーから，多くのベネフィット（図表10.5）を得られた，と回答している。第2に，50%以上のスポンサー企業は，プロジェクトに特別の助成金を支出している。第3に，50%以上の企業はコンサルティング・プロジェクトのリピーター（2回あるいはそれ以上）である。

図表10.5　スポンサー企業のメリット

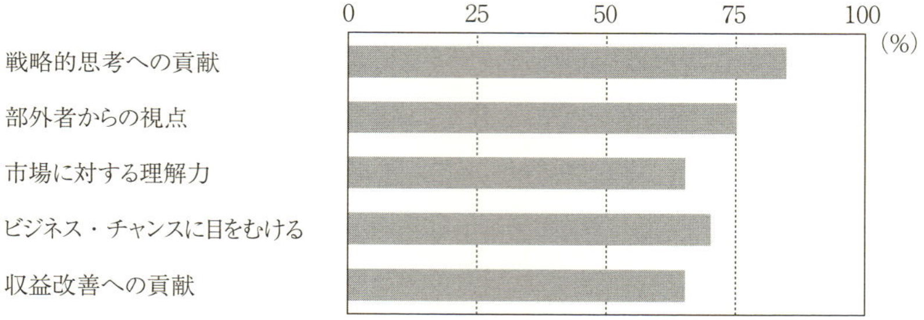

戦略的思考への貢献
部外者からの視点
市場に対する理解力
ビジネス・チャンスに目をむける
収益改善への貢献

注：割合は応答企業が期待以上に満足していることを表している。
出所：2005年 IMD ウェッブサイトより作成[4)]

② 前述したように，プロジェクト方式は，ケースメソッドの欠陥を補うだけでなく，学生にとって，実践的な訓練をとおして，将来のビジネス・リーダーに求められるマネジリアル・スキルの向上が期待できる（図表10.6）。参加した学生からは，a) スポンサー企業からジョブ・オファーがあった，b) 就職活動の参考になった，c) 自分自身の適職を見極める助けになった，d) どのような問題にも取り組めると思った，e) トップマネジメントと接して自信がついた，f) リコメンデーションが採用された，あるいは実際に実行にうつされた，g) 実際の企業から学んだなどの意見が寄せられている。

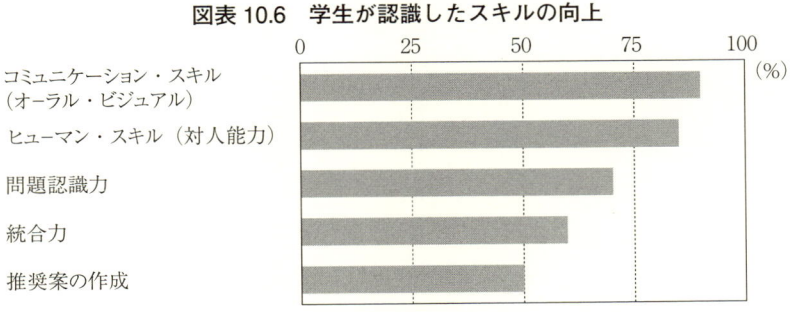

図表10.6　学生が認識したスキルの向上

スキル	割合 (%)
コミュニケーション・スキル（オーラル・ビジュアル）	約90
ヒューマン・スキル（対人能力）	約85
問題認識力	約72
統合力	約60
推奨案の作成	約50

注：割合は参加者が期待以上に満足していることを表している。
出所：2005年IMDウェッブサイトより作成[4]

③ ビジネススクールにとって，コンサルティング・プロジェクトは，企業との結びつきを強めることができるメリットがある。例えば，ケースを開発しようとする際に，スポンサー企業は協力的になる。また，クライアント企業のなかには，ビジネススクールが提供するプログラム，例えば，PMD（Program for Management Development）などに，幹部候補生を派遣する機会が増える。さらに，ビジネス現場に密着したプログラムを提供することにより，他のビジネススクールとの差別化が可能になる。

注

1) トーマス・レイモンド著「課題としてのケース分析レポート」マクネアー, M. P. 編著, 慶應義塾大学ビジネス・スクール訳『ケース・メソッドの理論と実際』東洋経済新報社, 1977 年, pp.170-171
 原典：Thomas J. Raymond, "Written Analysis of Cases", M. P. McNair, *The Case Method at the Harvard Business School*, McGraw-Hill, 1954, pp.139-143.
2) Warren J. Keegan, *Instructor's manual, International Marketing*, Pace University, 1989, p.3.
3) MIT スローン経営大学院では, 経営現場で起きているビジネスモデルの変化を学ぶため, 17 カ国の中小企業に学生を 1 カ月派遣し, 経営者とともに戦略を考えさせるプロジェクトがある。出典：日本経済新聞 2008 年 12 月 6 日 MIT スローン経営大学院学長デイビッド・シュミットライン氏談。
 また, インディアナ大学ケリー・ビジネススクールには, 2 年以降の科目に「Management Consulting」「Applied Management Consulting」「Management Field Research/Consulting Project」がある。マネジメント・コンサルティングの授業内容は, グループ・プロジェクト, グループ・レポートとプレゼンテーションであった。1997 年筆者が聴講。
4) 2004 年および 2005 年 IMD 提供資料（テンプファイル）およびウェブサイト
 なお, イギリスのアッシュリッジ・マネジメント・カレッジでは, 企業派遣学生に自社の問題をプロジェクト・レポートとして作成させている。

第11章 交　　渉

　ケースを使った教育には，前述した教授法以外に「インシデント・プロセス」「イン・バスケット・ゲーム」「交渉」がよく知られているが，この章では，「交渉 (Negotiation)」についてふれておこう。

　「交渉 (学)」という科目は，ビジネス・スクールだけでなく，ロー・スクール，行政大学院 (Graduate School of Public Administration) にも設けられている。通常，「交渉」の授業は演習 (Exercise) を中心に組み立てられている。例えば，ケネディ・スクールの「交渉分析入門 (Introduction to Negotiation Analysis)」では，1回目の授業にあるトピックについての講義があり，2回目の授業に前回の講義内容に関連した交渉演習 (Negotiation Exercise) がある。演習では，学生にそれぞれ異なる役割 (Role) と指示書 (Instruction sheet) を与えて交渉を行わせる (Play)。3回目の授業は，演習結果を振り返り，成功要因・失敗要因をクラス全体で討議する[1]。このような過程 (講義—演習—振り返り) を通じて，学生に交渉の現場を疑似体験させ，さらにその過程を分析することにより，学生の交渉能力がアップするよう工夫されている。

　通常「交渉」には，「分配型交渉 (ウイン・ルーズ)」と「統合的交渉 (ウイン・ウイン)」がある。最初の授業で，学生は一定の果実を配分する分配型交渉を体験する[2]。代表的なケースに「中古車 (The Used Car)[3]」がある。演習では，学生の一人に中古車を売る役割を，もう一人の学生に中古車を買う役割を与えて，両者の間で価格交渉 (単一の争点) を行わせる。この交渉過程を通じて，学生は事前準備の重要性，目標点，開始点，抵抗点など「分配型交渉」の構造を学習する。これに対して，交渉者同士がウイン・ウイン (Win-Win) の交渉を「統合型交渉」という。通常，交渉者間には何らかの利害対立が存在する。例え

ば，マネージャーと従業員の希望（給与，ボーナス，休暇など複数の争点）が相いれないときには，その対立を解消しようとする。ケース「サラリー交渉」[4]では，学生の一人はマネージャーの役割，もう一人は従業員の役割をアサインして，交渉する。この演習は，複数の争点がある一対一の交渉であるが，次第に複数の人間が関与する複雑な交渉になっていく。「統合型交渉」[5]では，交渉者間に活発な情報交換が行われ，情報活動，設計活動（解決策の列挙），選択活動（対策案の選択），検討活動（解決の検討）が展開される。

　当然交渉には，失敗も成功もある。例えば，ケース「パシフィック・オイル社」[6]には，取引先リライアント社との交渉がうまくいかなかった例が記されている。失敗する原因には，曖昧な目標，不明確なボトム・ライン，交渉期限（デッドライン）[7]に対する理解不足などさまざまな要因があげられる。このケースをとおして，学生は，交渉には戦略（計画，目標設定，準備）が必要なこと，交渉がまとまらない場合に選択しうる最善の状態・代替案[8]を，準備段階で検討しておかなければならないこと，時間的制約のなかで妥協しなければならないことを学習する。

　　　　　　　　　ケース例26　「パシフィック・オイル社（A）」

　オクラホマに本社があるパシフィック・オイル社は，工業用石油化学製品の主要取引先であるリライアント社と，数度にわたる契約交渉を行っている。
　交渉相手であるリライアント社（ヨーロッパ）は，石油化学製品と建築用資材（木材系）を製造し，建設会社に販売する会社である。
　同社は鉄製のパイプの代替品であるプラスチック・パイプとその関連部品の生産に力をいれており，パシフィック・オイル社からその原料を購買しようと考えている。
　　　　　　　　　　　　　　出所：Lewicki, pp.659-678 [6]

　交渉の本質は，他者の介入なしに交渉者が話し合うようにすることであるが，交渉者同士の交渉では，うまくいかないことがある。このようなとき，第三者（Third Party）が交渉に加わることがある。ここで第三者とは，裁判官，労働争議の調停者，離婚の仲裁者のような公式に認められている人たちから，職場の監督者，友人のような非公式な人たちをさしている。第三者の主要な役割は，調停，仲裁などの役割や行為（含む協議）[9]である。仲裁や調停に関するケースは，[10]

日本でも作成されるようになってきているが、授業では、まず第三者を加えることのメリットとデメリットについて学習する。

　交渉には、政府間交渉のように国を越えた交渉がある。経済活動のグローバル化が進み、各国経済が相互に依存しあう度合いが増えるに連れて、国境を越えた交渉が増加している。異なる国、異なる文化、異なる領域からの交渉者相手との国境を越えた交渉の複雑さ、難しさについては多くの本が出版されている[11]。交渉を難しくしている要因には、a) 相手国の法律や政治体制、b) 通貨の変動など経済要因、c) 政府と制度（例、規制あるいは介入）、d) 相手国の不安定性（例、ストライキ、政治不安など）、e) 意識形態（例、個人主義、収益重視）、f) 文化がある[12]。これらのなかでも、交渉者の文化の違いが交渉過程に大きく影響することはよく知られている。

　関連するケースの１つに「アルファー＆ベータ」がある（図表11.1）。このケース[13]は、アルファー社（アメリカ系企業）とベータ社（日本系企業）との技術提携に関する交渉である。学生たちは、アルファー社チームとベータ社チームに分かれて、交渉する。ケースは、ロボット市場など両社に共通の情報が記されているケース本体と、アルファー社およびベータ社の技術・製品・販売、経営計画や相手企業の強み・弱み、財務諸表など、コンフィデンシャル（秘密）な情報が別々に述べられている役割シート（あるいは指示書）から構成される。各社の指示書には、アルファー社の担当者（例、個人主義、インフォーマル、直接的、情緒的、能動的）と、ベータ社の担当者（例、集団的、フォーマル、忍耐強い、間接的、受動的）のロール・プレイに必要な情報（指示）が記されている[14]。

図表11.1　ケース「アルファー＆ベータ」

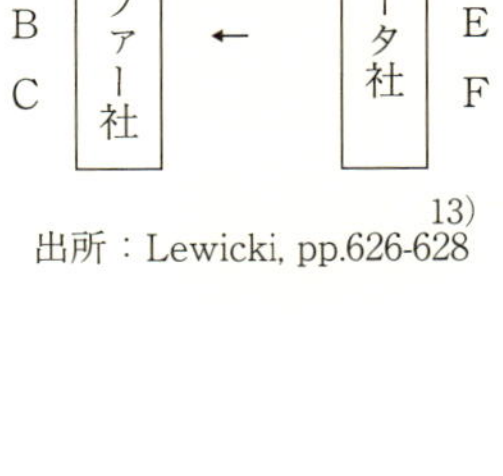

```
A   ┌───────┐      ┌───────┐   D
B   │アルファー社│  →   │ベータ社 │   E
C   │       │  ←   │       │   F
    └───────┘      └───────┘
```

出所：Lewicki, pp.626-628 [13)]

国境を越えた交渉の場合，交渉者同士の交渉だけでなく，政府，取引先を巻き込んだ交渉になる。例えば，ケース「GMとトヨタの合弁事業」[15]には，GMとトヨタの合弁会社（NUMEI）に関する複雑な交渉過程が記されている。ここでいう「複雑な」とは，交渉者であるトヨタとGM間の交渉に，サプライヤー，ディーラー，消費者団体，加州政府，工場のある地方都市，経済団体など，様々なステークホルダー（Stakeholder）が関与してくることを意味する。これらの演習を実施する場合，授業時間は，通常のケースメソッド授業と比べてきわめて長くなる。例えば，ケース「ヘストン社」の場合，1日がかりの演習になる（図表11.2）。

図表11.2　ケース例27「ヘストン社」

約30年前に設立されたヘストン社は，「品質と顧客第一主義」という経営方針のもと，優れた販売網を構築し，北米第9位の農機具メーカーに成長した。しかし，経済環境の悪化とともに，ヘストン社は赤字に陥り，株価も47ドルから11ドルに落ち込んだ。

その後，同社は在庫の増加，資金不足，さらに黒字に転換する見込みもない状況に追い込まれた。その時，イタリアのフィアット社は経営戦略の一貫として，農業機具部門の拡充を意図して，同社を買収しようとした。

「演習スケジュール」

08:00 – 09:00	個々のチームによる打合せ
09:00 – 09:45	教師「A・チーム」と会合，ガイダンス
09:45 – 10:30	教師「B・チーム」と会合，ガイダンス
10:30 – 12:00	個々のチームによる最終打合せと確認
12:00 – 13:00	ランチ
13:00 – 15:00	チーム毎，指定された場所で交渉
15:00 – 15:30	コーヒー・ブレーク＆交渉結果の提出
15:30 – 16:00	総括

出所：藤井，pp.208-212より作成[16]

ケース「アルファー＆ベータ」と同様に，フィアット・チーム（買収側）とヘストン・チーム（被買収側）にわたされるケースは，両社に共通なケースA（例，世界の農機具市場，企業業績・製品・流通・株価）と，コンフィデンシャル（秘密）

なケースB（例，フィアット社の世界戦略や買収目的）およびケースC（例，ヘストン社の資金・販売）から構成される。各チーム（数名のメンバーから構成）は，作戦会議を開き，自社の強み・弱み，買収によるシナジー効果やメリット・デメリットを検討し，交渉戦略（例，所有権などの重要なイシュー）や，交渉戦術（例，交渉開始価格，妥当な価格，譲歩できる範囲）を策定した後，交渉に臨む。当初，交渉はなごやかな雰囲気でスタートするが，徐々に交渉案件を巡り，議論は白熱するようになる。やがて，両社の関係は次第に険悪なムードになっていく。両社とも，自社の提案とその根拠を互いに主張しあうが，双方とも譲歩しようとしない。緊迫した状況のなか，教師が，フィアット本社からの一通の電報（情報メモ）をフィアット・チーム（買収側）に手わたす。もちろん，その内容は，ヘストン・チーム（被買収側）には知らされない。フィアット・チーム（買収側）はこの情報を上手に活用できるか，一方ヘストン・チーム（被買収側）は不測の事態にどの程度対応できるか，によって，交渉結果に大きな影響を与える。

　各チームによる交渉は，時間内に成立する場合もあるし，不成立に終わる場合もある。最後に，各チームの結果発表と教師による総括（交渉の成立・不成立，買収金額，交渉過程など）が行われ，演習は終了する。以上のように，まとまった演習時間が必要になる。それゆえ，MBAのプログラムで演習を行うには，時間の延長が可能な時間帯に設けられている。

注

1) 杉村太郎・細田健一・丸田昭輝編著『ハーバード・ケネディスクールでは何をどう教えているか』英治出版，2004年，pp.58-71
   ただし，インディアナ大学ケリー・ビジネススクールで，1997年筆者が聴講した授業「Power, Persuasion, Influence, Negotiation」は講義形式であった。
2) NPO法人日本交渉学会通信教育『交渉アナリスト養成講座2級』No.1, p.62, 69
3) Roy J. Lewicki, Joseph A. Litterer, John W. Minton, David M. Saunders, *Negotiation: Readings, Excercises, and Cases*, 2nd ed., IRWIN, 1993, pp.573-575. なお，同様のケースにノースウエスタン大学開発の「The Mountain Bike」がある。
4) Lewicki, op. cit., pp.587-589. アメリカのケースである。同様のケースに「新規

採用」がある。このケースは，ICU 土居弘元教授「Negotiation Process and Decision Making（交渉行動と意思決定）」のコースで使用している。
5) 例えば，労使紛争の場合，交渉は複数年にわたり同じメンバーで行われる。杉村・細田・丸田，op. cit., p.64
6) Lewicki, op. cit., pp.659-678.
7) 交渉学でいう「ボトム・ライン」は，当事者が「譲歩できるギリギリの線」のこと。藤田忠監修，日本交渉学会編『交渉ハンドブック』東洋経済新報社，2003 年, p.25
8) 交渉に赴く場合には，交渉が決裂した場合の事態を予測しておくこと。これをBATNA（Best Alternative To a Negotiated Agreement）という。藤田 忠監修 日本交渉学会編『交渉ハンドブック』東洋経済新報社，2003 年，p.3
9) R. J. レビスキー，D. M. サンダース，J. M. ミントン編，藤田　忠監訳，各努務洋子・熊田聖・篠原美登里訳『交渉学教科書―今を生きる術―』文眞堂，1998 年，pp.251-255
   原典：Roy J. Lewicki, David M. Saunders, John W. Minton, *Essentials of Negotiation*, McGraw-Hill, 1997.
   別の教科書として，Roy J. Lewicki, Joseph A. Littere, John W. Minton, David M. Saunders, *Negotiation*, 2nd ed., IRWIN, 1994. がある。
10) 例えば，ジャーナルには，International Negotiation: A Journal of Theory and Practice (The Center for Negotiation Analysis), Negotiation Journal (Springer Netherlands), Japan Negotiation Journal（日本交渉学会），代表的な本には，Howard Raiffa, "The art of Science of Negotiation", Harvard University Press, 1982, Max H. Barzerman & Margarete A. Neale, "Negotiating Rationally", The Free Press, 1993. がある。
11) 例えば，太田勝造・野村美明『交渉ケースブック』商事法務，2005 年。
12) 前掲 9），pp.286-303
13) Lewicki, "Alpha-Beta", op.cit., pp.626-628.
14) ケースと並行して使われる資料に「補足ノート」や「役割シート」がある。ロールプレイに参加する者への指示事項（戦略，戦術）や交渉結果，要約書などが含まれる。
    Roy J. Lewicki, Joseph A. Litterer, John W. Minton, David M. Saunders, *Instructor's Manual to accompany Negotiation Readings, Excercises, and Cases*, 2nd ed., IRWIN, 1993, pp.183-208.
15) Lewicki, "Creating the GM-Toyota Joint Venture: A Case in Complex Negotiation", op. cit., pp.696-721.
16) 藤井義彦『挑戦！ハーバード AMP 留学』東洋経済新報社，1991 年，pp.208-212

資料1　教室のレイアウト例

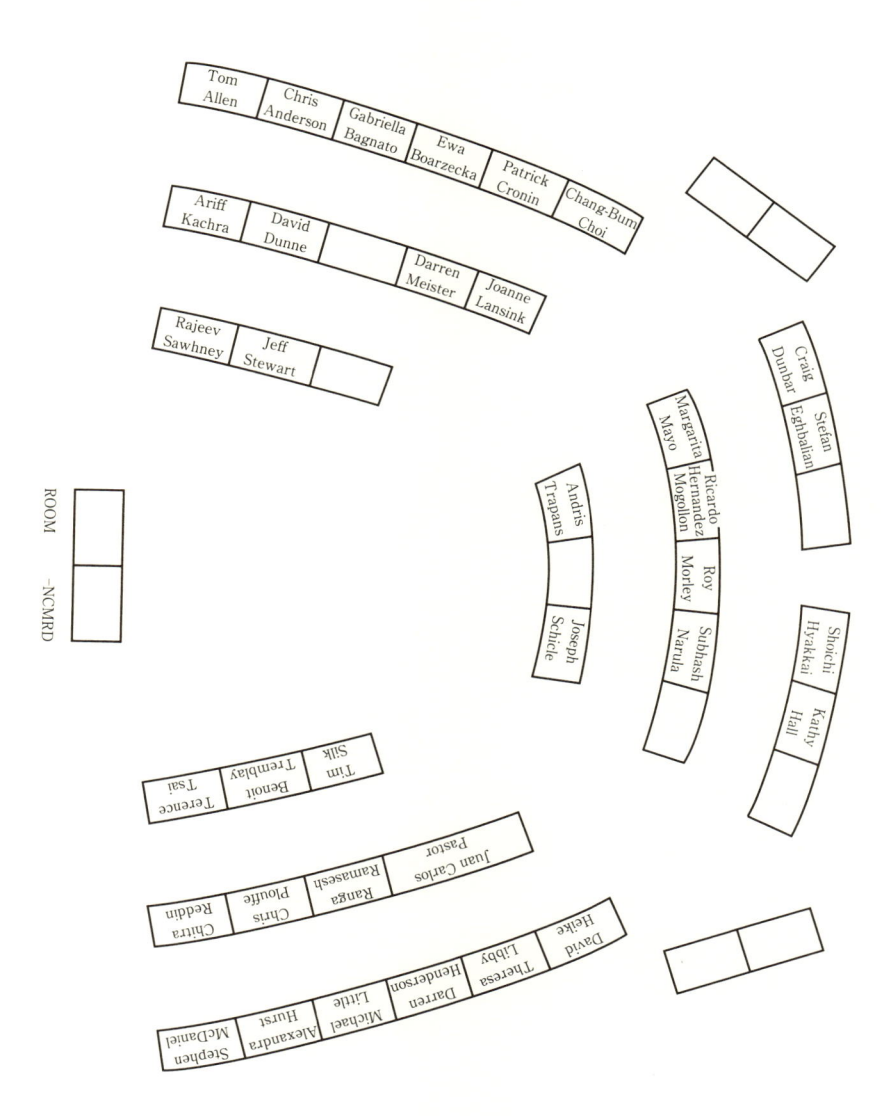

Tom Allen	Chris Anderson	Gabriella Bagnato	Ewa Boarzecka	Patrick Cronin	Chang-Bum Choi

Ariff Kachra	David Dunne		Darren Meister	Joanne Lansink

Rajeev Sawhney	Jeff Stewart

ROOM –NCMRD

| Andris Trapans | Margarita Mayo | Ricardo Hernandez Mogollon | | Craig Dunbar | Stefan Eghbalian |
| Joseph Schicle | Roy Morley | Subhash Narula | | Shoichi Hyakkai | Kathy Hall |

Tim Silk	Benoit Tremblay	Terence Tsai
Chitra Reddin	Chris Plouffe	Ranga Ramasesh	Juan Carlos Pastor
Stephen McDaniel	Alexandra Hurst	Michael Darren Henderson	Theresa Little	Libby	David Heike

出所：『Case Teaching Workshop』資料，1997年

資料2　インシデント・ケース

「突然の退職願い」

　株式会社フライハイトの人事課長・岩瀬隆一は，入社2年目の社員教育期間中に行われることになっている社員との面接において，営業1課の社員・堀田剛士と話し合うことになった。

岩瀬：君は会社にもすっかり慣れて，良い成績を上げているようだが，何か感じていることとか，要望とかがあったら聞かせてくれないか？
堀田：……私はフライハイトに入社し，自分を生かせる職場を得たと思っていました。
岩瀬：……君は南部百貨店の担当だったね？
岩瀬：そうです。……実は，その南部百貨店のバイヤーの三浦さんからショッキングなことをいわれたのです。
岩瀬：どういうことかね？
堀田：昨年の夏，佐竹課長から言われたというか，皆でそうしようということになったというか，とにかく販売予算達成のために，冬物を詰め込んだダンボール20箱を南部百貨店に納めたんです。冬物ですから，すぐに返品されるのは分かっていましたが，とにかく決算時の販売予算達成のためにやらなければいけないように思い込んでいました。私が納品所から運びこんでいるところを三浦バイヤーに見つかったのです。「それは夏物か」と聞かれましたから，「そうです」と答えると，三浦さんはいきなりそのダンボール箱に走り寄って，とめる間もなく箱を開け，商品を引きずり出し，「思ったとおり冬物だ。返品されるのはわかりきっているだろうに……これがフライハイトのやり方なんだ」と言い，じっと私を哀れむような目で見つめながら，「堀田君，君はフライハイトを辞めたいと思わないかね」と言ったんです。……これはこたえました。

岩瀬：「押し込み販売」が社長命令で禁止されていことは，君も知っているでしょう？

堀田：それは皆知っています。でも「他に予算達成の方法があるか？」と言われれば，「押し込み」せざるを得ないような雰囲気なのです。けれどもバイヤーの哀れみに出会って，「これからどうしたらいいのか」とずっと迷っていました。父にこの話をしましたら，「故郷に帰って来い」というのです。父の仕事を継ごうかと考えています。

岩瀬：…………。

設問　あなたが岩瀬人事課長の立場にあれば，今すぐどうしますか？
　　　重要な事実を集め，今，ここでの問題は何かを考えたうえで，あなたが岩瀬人事課長の立場にいたとすればどのような処置をしますか？　岩瀬人事課長が実際にとった処置を推測するのではなく，あなたが組織上，岩瀬人事課長の立場にいると考えてください。この設問は，あなたが自分の岩瀬課長の性格（パーソナリティ）になりきって考えるというのではなく，また自分ならば，こんな状態になる前に別の方法をとっていたであろうと考えるのでもなく，この時点での組織上の責任者として，どうするかを考えるよう求めているものです。

注
　このインシデント・ケースは故坂井正廣・中村秋生（共栄大学）により作成された。中村先生から掲載の許可を得ている。文献 坂井（1996），pp.212-213

資料3　ケース・サンプル

ケース「ある若手所員と総務課長」

　就業構造の変化といわゆる従業員のリストラにより，今では清水工場の常勤雇用者の数は，ひところの半分近くに落ち込んだ。

　工場内の総務課に勤務する若手社員の馬場（27歳）は，広島工場の推薦により，去る4月，出身地である清水の工場総務課に転勤した新顔であった。彼は，入社5年目とはいえ，総務課内ではただ一人の大学卒で，秋田課長（48歳）を始め，周囲の期待は高かった。

　そこで，課長は，幸い総務課の先輩近藤（29歳）が，工場内の業務改善グループの事務局主査を務めていたので，馬場に同グループの職務を兼務させた。さらに，自ら事務局長を務める清水工場全体の労使協議会の補佐役を命じた。こうして，課長は馬場を，工場全体の生産性工場活動に参画させるつもりであった。

　それにしても，馬場は服装や言葉遣いに無頓着であった。出社時には現場職員と同様にいつもジーパンにカラーシャツというラフな姿だったし，意味のわからぬ略語などをよく使った。課長は，何度かホワイトカラーの心得について注意したが，彼の返事はいつも「ハー」というだけだった。

　今年の春闘直後のことだった。折から労使協議会では，工場内の労働条件の全面改定が重要議題になっており，秋田課長は迷わず補佐役の馬場を呼んだ。そこで，課長は馬場に改善案の作成を命じた。

　その後，秋田課長自身は，総務課特有の雑多な業務の忙しさに紛れて，馬場は予定どおり作業を進めているもの，と思っていた。

　ところが，提出期限がきても，何の報告もないので問い質すと，「どうしてもわからないところがあるので，まだできていません」との答えだった。

　また，先週には，労使協議会の開催当日だったにもかかわらず，朝10時の開催時刻になっても，彼の姿が見えないのに課長は驚いた。

　すぐさま，古賀課長補佐（41歳）に命じて，自宅に連絡させると，彼の母は

「昨夜マージャンで遅くなったので，今朝は少し遅れます」と答えたのであった。課長は初めて激怒した。このような馬場の行動に対して，なにも放任していたわけではなかった。ときには，課員を前にして，彼を厳しく叱ったこともあった。しかし，馬場はいつも「暖簾に腕押し」の状態であった。

総務課の業務改善グループ主査の近藤は，入社 11 年目の清水工場育ちだった。彼はじっくり事実を確かめる人柄で，課長から馬場への業務改善グループ関連の指示も，ほとんど彼を通じたものだった。

昨日のこと，秋田課長は近藤主査と打合せの機会をもった。課長は，近藤の馬場を見る目は，自分とかなり近いものと考えていた。しかし，近藤の口から次のような言葉が出たのに驚いた。

「まあ，馬場さんは最低限の業務はこなしていますが……，でも業務遂行の姿勢や意欲には，かなり個人差がありますから……」

秋田課長は，考え込むのだった。

注

このケースは，NPO 法人日本ケースメソッド協会（www.case-method.gr.jp 参照）のメンバーが開発したものである。
なお，学習者に対して，労働基準法に関する読書課題が必要になる。

（参考）　労働条件として明示すべき事項（施行規則第 5 条より引用）：
1. 就業の場所および従事すべき業務に関する事項
2. 始業および就業の時刻，休息時間，休日，休暇並びに労働者を
   2 組以上に分けて就業させる場合における就業時転換に関する事項
3. 賃金に関する事項（略）
4-(1) 退職に関する事項（略）
4-(2) 退職手当てに関する事項（略）
5. ボーナス等に関する事項（略）
6. 労働者に負担させるべき食費，作業用品その他に関する事項（略）
7. 安全及び衛生に関する事項
8. 職業訓練に関する事項
9. 災害保証及び制裁に関する事項
10. 休職に関する事項

資料4　クラス討論において，ツールとして使われる質問例

A　オープニング
　1. 一般的な質問（ある状況下あるいはある視点に基づいて質問する）
　　"Aさん，この会社のおかれている状況を分析してくれないか"
　2. イシューに関する質問
　　"この企業における現在の問題はなにか"
　3. アクションを求める（ケースの最後に記されている状況下で）
　　"もし，あなたが主人公であったら，どうしますか"

B　分析
　4. 分析する
　　"現状の問題あるいはケースを分析するのに，どんな理論，モデル，手法が使えそうですか"
　5. 発言を評価する，そして／あるいはクリティークする
　　"いままで議論したことを評価，あるいは分析する方法はあるだろうか"

C　アクション
　6. アクションを求める
　　"この状況下で，あなたならどうしますか"
　7. ある特定の立場におかれた場合，その行動を引き出す
　　"もし，あなたがマーケティング・マネージャーだったとしたら，どうしますか"
　8. おかれている状況が（仮説そして／あるいは事実関係）が変わった場合
　　"それでは，あなたはどうしますか"
　　（この質問は，アクションに焦点をおいた討論をするうえで有効である）
　9. 規範的なアクション
　　"それでは，X氏はどうすべきでしょうか"

D　クラス討論過程を方向づける
　10. 教師が次の分析に必要な情報を求める

"われわれの計算では，売上は年50%増加していることを示している。もし，この傾向が続くとしたら，次の5年間会社にどのような影響を与えるだろうか"

11. オープン・エンドな質問

"イエスあるいはノー"で答えられる質問は避け，自由に回答させる質問をする。

12. 内気な学生や発言したがらない学生に，回答しやすい質問を用意する。
    （注意：但し，答えを誘導するような質問は避ける）

13. 異なる意見を引き出す

"意見の異なる人はいますか？"，（この種の問いを発することにより，対立する意見を引き出し，クラス討論を活発にする）

14. 特定の個人に対して同意するかどうかを問う

"Bさん，今の回答に同意しますか？"

15. 今まで討議してきた見方・視点に対して，疑問をはさむ

"別の見方はありませんか？"

（この種の質問は，クラス討議が停滞してしまったときや，一つの見方に収束してしまったときに有効である）

16. 討論の焦点が拡散してしまった場合，討論の焦点を絞る質問をする

"いま，なにを議論していますか？"

17. ロール・プレイング

"Cさん，社長の役割を演じてもらえませんか？"

18. ケースに記されている事実，あるいは分析に関するデータを問う

"この会社の負債／資産比率は？"

19. 学生により詳しい説明を求める

"Dさん，もう少し詳しく話してくれないか？"

20. 特定の学生に突っ込んで聞く，あるいはチャレンジさせる

"Eさん，君の解決策で本当にうまくいくと思っている？"

21. ソクラテス流（問答式）の質問（どの程度確信をもった発言か，どの程度深

22. 連続した質問により学生を孤立無援の状態にする。次に学生がたったいま肯定したばかりの見解と対立する以前の発言を思い出させる質問をする。
23. （質問を）再開する
 "ほかに質問はありませんか"
24. 総括あるいは終了を問う（教師は学生に討議した主要論点を要約するように求める）
 "Fさん，今日のクラス討論から，明らかになった最も重要な論点を2～3あげてくれないか"

E　メタ質問（クラス討論過程あるいは内容に関する）
25. ケース分析や主題に関するクラスの考えや意見を問う
 "Gさん，これまでの分析に関する君の考えを聞かせてくれないか"
26. フィードバックを求める（ときには，どのテーマについて議論するかクラスの皆に意見を求める）
 "これから，どのテーマについて議論しようか"
27. 討論過程（プロセス）に関する質問
 "Hさん，あなたの話を聞いている人はクラスにいると思いますか？"
 あるいは，"議題を変えたいと思う人はいますか？"
28. 先程議論した件に関する質問
 "（数分前に話したばかりの）Iさん，先程なんて言った？"

出所：Mark P. Kriger, "The Art and Power of Asking Questions", Charles M. Vance, *Mastering Management Education*, Sage, 1993, pp.17-18.

資料5 ティーチング・ノート（Teaching Note）

一般的に，ティーチング・ノートは以下の項目から構成される。
(1) ケースの要約
(2) 学習目標と教育対象
(3) 教育方法と教え方に関する事項（質問，時間の配分，クラスマネジメントなど）
(4) ケース分析とコメント（エピローグなど）
(5) 補助教材および参考書
(6) アウトライン
　　① ケースの要約
　　② 教育目標と教育対象
　　③ 授業の進め方―教育方法と教え方に関する事項―
　　④ 教育戦略
　　⑤ 討議を進めるうえでの質問事項
　　⑥ 関連するデータの分析
　　⑦ リーディング・アサインメントおよびテキスト
　　⑧ ケースを使用した経験上のコメント

具体的には，以下のような内容をティーチング・ノートに記述する。
1. 応急的に処理すべき問題（Immediate Issues）
2. 基本的に解決すべき問題（Basic Issues）
3. 学生（参加者）に対する質問事項（Suggested student assignment）
　　例：この場合どのアクション（代替案）をあなたはリコメンドするか，なぜか？
　　例：企業にとってリスクとはなにか
4. リーディング・アサインメント（例：指定図書・論文・参考文献）
　　　　　　　　　　　（Suggested additional readings or references）
5. 討論する項目と質問（Possible discussion questions）

6. ケースを利用する可能性のあるユーザー（Potential users of the case）
    例：企業内インストラクター，ビジネススクール
7. 対象とする学生（参加者）（Potential audiences for the case）
    例：MBA1年次学生など
8. ケース分析（Case Analysis）とコメント
    例：エピローグ，後日談など
9. ケースのキーポイントあるいはハイライト部分（Keypoints or highlights）
10. 授業の進め方に関するサジェッション（Suggested teaching approach）
    例：討議を進めるうえでの質問事項
    例：ケースを使用した経験上のコメント
    例：事前に学生に役割（ロール）をアサインする
11. コンピュータの使用の有無（Computer support）
12. 視聴覚機器使用の有無（Audio Visual Support）
    ケース授業を進めていくうえで，有益な映像フィルム，ビデオ，スライド，サンプルおよびその他教材があればふれる。
    例：「キューバ・ミサイル危機」
13. 教育計画時間配分（Proposed Class Plan）
    例：時間配分　0-5minutes イントロダクション
14. 黒板利用計画（Proposed Blackborad Plan）
    例：競争環境，SWOT分析，代替案，決定基準，実行計画など
15. 準備する内容，補足説明内容（Those who prepare）
    例：ハンドアウトする新聞記事など

注

ティーチング・ノート（Teaching Note）は，正式にはインストラクターズ・マニュアル（Instructor's Manual）と呼ばれている。その記入要領は，ケース・リサーチ・ジャーナル（Case Research Journal）の編集方針（Editorial Policy）を参照。

参考文献（分野別）

ケースメソッド教育
1. Argyris, C., "Some Limitations of the Case Method Experience in a Management Development Program", *Academy of Management Review*, Vol.5, No.2, 1980.
1. Bruns, W. J. Jr., "Why I Use the Case Method to Teach Accounting", No.9-193-177, HBS(Harvard Business School) Publishing, 1993.
2. Corey, E. R., "The Use of Case in Management Education," No.09-376-240, HBS Publishing, 1976.
3. Corey, E. R., "A Note on Case Learning", No.9-899-105, HBS Publishing, 1998.
4. David, R., Willings, M. A., *How to use the case study in training for decision making*, Business Publications, 1968.
5. Eitington, J. E., *The Winning Trainer: winning ways to involve people in learning*, Butterworth– Heinemann, 2002.
6. Freeman, R. D., Cooper, C. L., Stumpf, S. T., *Management Education: Issues in Theory, Research, and Practice*, John Wiley & sons, 1982.
7. Gatrell, C. and Sharon, S., *Your MBA with Distinction*, FT Prentice Hall, 1988.
8. Gragg, C. I., "Because Wisdom Can't be Told", ECCH, No.9-451-005, 1940.
9. Greenwood, R., "The case method at Harvard: A short history", *Case Research Journal*, 3, 1983.
10. Heath, J., "Teaching and Writing, Case Studies: A practical guide", ECCH, 1997.
11. Jones, W. G., "The Case Study as Integrating Mechanism in Management Education", *British Journal of Management Technology*, No.1 Vol.14, Jan, 1983.
12. Kelly, F. & Kelly, H. M., *What they really teach you at the Harvard Business School*, Warner Books, 1996.
（近藤純夫訳『ハーバードビジネススクールは何をどう教えているか』『経済界』1992 年）
13. Matejka, J. K. & Cosse, T., *The business case method: An introduction*, Reston, 1981.
14. Maister, D. H., "How to Avoid Getting Lost in the Numbers", No.9-682-010, HBS Publishing, 1981.
15. McNair, M. P. and Hersum, A. C., *The Case Method at the Harvard Business School*, McGraw-Hill, 1954.
（慶應大学ビジネス・スクール訳『ケース・メソッドの理論と実際　ハーバード・ビジネス・スクールの経営教育』東洋経済新報社，1977 年）

16. Minzberg, H., *Managers not MBAs*. Berrett-Koehler, 2004.
    (池村千秋訳『MBA が会社を滅ぼす』日経 BP 社，2006 年)
17. Osigweh, C.A.B., "The Case Approach in Management Training", *Organizational Behavior Teaching Review*, Vol.11, No.4, 1987.
18. Osigweh, C.A.B., "Casing the Case Approach in Management Development", *Journal of Management Development*, 2, 1989.
19. Paget N., "Using Case Methods Effectively", *Journal of Education for Business*, Jan, 1988.
20. Rangan, V. K., "Choreographing a Case Class", No.9-595-074, HBS Publishing, 1995.
21. Sudzina, M. R., *Case Study Applications for Teacher Education*, Allyn and Bacon, 1999.
22. Tate, C. E., W. C. Flewellen, and D. Phillips, "The state of the Case Arts: Teaching, Research and Writing", *Case Reserach Journal*, 1980.
23. Vance, C. M., *Mastering Management Education: Innovations in Teaching Effectiveness*, Sage, 1993.

ケースメソッド学習 & ケース・スタディー
1. Argyris, C., "Teaching Smart People How to Learn", *Harvard Business Review*, May-June, 1991.
2. Bonoma, T. V., "Learning with Cases", No.9-589-080, HBS Publishing, 1989.
3. Bonoma, T. V., "Learning Marketing: a Case-Based Approach", No.9-588-017, ECCH, 1987.
4. Bonoma, T. V., "Learning by the Case Method in Marketing", No.9-590-008, HBS Publishing, 1989.
5. Feeney, H. M. & Stenzel, A. K., *Learning by the case method*, Seabury, 1970.
6. Geoff, E., *Learning from Case Studies*, Prentice Hall, 1992.
7. Glover, J. D., Hower, R. M., Tagiuri, R., *The Administrator Cases on Human Aspects of Management*, Richard D. Irwin, 1973.
8. Hammond, J. S., "Learning by the Case Method", No.9-376-241, HBS Publishing, 1976.
9. Haywod-Farmer J., "Note on Case Analysis", No.9A81L002, Ivey Management Services, 1979.
10. Kellogg, D. M., "Assigning Business Writing to increase the learning potential of case courses", *Journal of Management Education*, Vol.15 No.1, 1991.
11. Kepner, C. H. & Tregoe B. B., *The Rational Manager: A Systematic Approach to*

Problem Solving and Decision Making, McGraw-Hill, 1965.
12. Masoner, M., "Audit of the Case Study method", *PRAEGER*, 1988.
13. Mauffette-Leenders, L. A., Eriskine, J. A., *Learning with cases*, The University of Western Ontario, 1997.
14. Mimick, R., "Case Analysis in Managerial Accounting and Control", No.9A83B035, Ivey Management Services.
15. Schnelle, K. E., *Case Analysis and Business Problem Solving*, McGraw-Hill, 1967.
16. Sheila, M., *Case Studies in Business: A skills-based approach*, Pitman, 1984.
17. Slaughter, K. E. & Cavangh, C. A., "Guidelines for Power Communication(A)", No.9B00C005, Ivey Management Services.
18. Stenzel, A. K. & Feeney, H. M., *Learning by the Case Method: Practical Approaches for Community Leaders*, Seabury, 1970.
19. Sluaghter, Kathleen E., "Note of Report Writing for Western Business Students", No.9-91-1009, The University of Western Ontario, 1991.
20. Tagiuri, R., *Behavioral Science Concepts in Case Analysis*, Cambridge, Mass: Harvard University, 1968.
21. Towl, A. C., "To Study Administration by Cases", Harvard University Graduate School of Business Administration, 1969.
22. Willings, D. R., *How to use the case study in training for decision making*. Business Publications, 1968.
23. Zierden, W. E., "Some Thoughts on the Case Method", *The Organizational Behavior Teaching Journal*, No.4, 1981.

ケース・ティーチング
1. Applegate, L. M., "Case teaching at HBS: Some thoughts for new faculty", No.90189-062, HBS Publishing, 1988.
4. Berger, M. A., "In defence of the case method", *Academy of Management Review*, 8, 1983.
5. Bludent, R. G., "The real case method: a response to critics of business education", *Case Research Journal*, No.3, 1993.
6. Bower, D. D., Lewicki, R. J. Hall, D. T. & Hall, F. S., *Experiences in management and Organizational Behavior*, 4th ed., New York, John Wiley & sons, 1997.
7. Brown D., Schermerhorn, J. & Gardner, W., "Planning Fading as a Technique for Introducing Case Analysis Methods in Large-Lecture class", *The Organizational Behavior Teaching Review*, 11(4), 1986.
8. Charan, R., "Classroom techniques in teaching by the case method", *Academy of*

Management Review, 1, 1976.
9. Christensen, C. R., Garvin, D. A., & Sweet, A., "Education for Judgement: The artistry of discussion leadership", Harvard Business School Press, 1991.
10. Christensen, C. R., "Teaching and the case method", Harvard Business School Press, 1993.
    (高木晴夫訳『ケースメソッド実践原理―ディスカッション・リーダーシップの本質』ダイヤモンド社, 1997年)
11. Corey, E. R., "Case Method Teaching", *Case Research Journal*, 2, 1982.
12. Edge, A., "The guide to case analysis and reporting", Honolulu, Systems Logistics, 1991.
13. Finch, B. J., "A modeling enhancement to teaching with cases", *Journal of Management Education*, 17, 1993.
14. Gentile, M. C., "The Diverse Classroom: Teaching Challenges and Strategies" No.9-393-134, HBS Publishing, 1993.
15. Mauffette-Leenders, L. A., Erskine, J. A. & Leenders, M. R., *Teaching with cases*, Richard Ivey School of Business, University of Western Ontario, 1981.
16. Reynolds, J. I., *Case method in management development* (Management Development Series No.17), International Labour Office, 1980.
17. Ronstadt, R., *The Art of Case Analysis: A Student Guide to the Diagnosis of Business Situation*, Lord, 1970.
18. Schiro, S. F., "Introducing case analysis by telling real cases", *Journal of Management Education*, 18, 1994.
19. Shapiro, B. P., "Hints for Case Teaching", No.9-585-012, HBS Publishing, 1985.
20. Stewart, K. A. & Winn, J., "The case debate: A new approach to case teaching", *Journal of Management Education*, 20, 1996.
21. Tagiuri, R., "Guidelines for Observing in an Instructor's Case Teaching Approach and Behavior", No.9-383-062, HBS Publishing, 1995.

ケース・ライティング
1. Anyansi-Archbong. C., "Problems and challenges in using the case study method in a foreign based field research project", *Case Research Journal*, 7, 1987.
2. Chrisman, J. J., "Writing a published case", *Case Research Journal*, 10, 1990.
3. Benett, J. B., "Writing a Case and its Teaching Note", No-9-376-243, HBS Publishing, 1976.
4. Erskine, J. A. & Leenders, "Case Reserach: The case writing process", The University of Western Ontario, 1973.

5. Gentile, M., "Field interviewing tips for the case researcher", No.9-391-041, ECCH, 1991.
6. Gold, B. A., "The Construction of Business Cases: Reframing the debate", *Case Research Journal*, 13, 1993.
7. Lane, H. W., & Burgoyne, D. G., "The Case of Developing Country Cases", *Case Research Journal*, 8, 1988.
8. Naumes, W., "Editorial: Case Writing, Professional Development, and Publishing Standard: Guidelines for the Case Research Journal", *Case Research Journal*, 9, 1989.
9. Rappaport, A. & Cawelti, G. S., "Using peer review to improve the writing of case analysis: Requirements and experience", *Journal of Management Education*, 17, 1993.
10. Roberts, M. J., "Developing a Teaching Case", No.9-900-001, HBS Publishing, 1999.
11. Scott, C. R., Jr., "The case teaching note", *Case Research Journal*, 1, 1980.
12. Shapiro, B. P., "Hints for Case Writing", No.9-587-052, ECCH, 1986.
13. Stringer, D., "Case Writing 101", Training & Development, Sep, 1999.
14. Towl, A. C., "Case development: A cooperative effort", *Case Research Journal*, 10, 1990.

ティーチング・ペダゴジー

1. Argyris, C., "Some limitations of the case method: Experiences in a Management Development Program", *Academy of Management Review*, 5, 1980
2. Barbara G. Davis, *Tools for Teaching*, Jossey-Bass, 1993.
（香取草之介監訳『授業の道具箱』東海大学出版会，2002 年）
3. Berger, M. A., "In defence of the Case Method: A Reply to Argyris", *Academy of Management Review*, Vol.8, No.2, 1983.
4. Dooley, A. R., and Skinner, W., "Casing Casemethod Methods", *Academy of Management Review*, April, 1977.
5. Lowman Joesph, *Mastering the Techniques of Teaching*, 2nd ed., Jossey-Bass, 1995.
（阿部美哉監訳『大学のティーチング』玉川大学出版部，1987 年）
6. Mckeachie, W. J., *Teaching TIPS*, 9th ed., HEATH, 1994.
（高橋靖直訳『大学教授法の実際』玉川大学出版部，1984 年）
7. Paul Pigors & Faith Pigors, *Director's Manual The Incidnt Process Case Studies in Management Development, Practical Supervisory Problems SERIES I*, The

Bureau of National Affairs, Washington, D.C, 1955.
8. Reynolds, J., "There is Method in Cases", *Academy of Management Review*, Jan, 1978.

ケース・リサーチ

1. Gentile, M. C., "Field Interviewing TIPS For the Case Researcher", No.9-391-041, ECCH, 1990.
2. Gentile, M. C., "Twenty-Five Questions to Ask As You Begin To Develop A New Case Study", No.9-391-042, HBS Publishing, 1990.
3. Yin, R. K., *Case Study Research Designs and Methods*, 2nd ed., Sage, 1989.

ケース・カタログ & ケース・クリアリング・ハウス

1. HBS, "Catalog of Teaching Materials 1997-1998", Harvard Business School Publishing, Boston, U.S.A.
2. IVEY, "Case Catalog 1999 Edition", Ivey Publishing, Richard IVEY School of Business, The University of Western Ontario, Canada.
3. KBS『教材リスト』慶應義塾大学ビジネス・スクール, 1994 年
4. ECCH(The European Case Clearing House), Cranfield University, UK.

ケース研究会 & ジャーナル

1. NACRA(North American Case Research Association)
   Holman, P. & Hinthorne, T., *NACRA Proceedings of the North American Case Research Association*, Vol.18, No.1, 2004.
2. *Case Research Journal* (published by the NACRA).
3. WACRA(The World Association for Case Method Research and Application)
   Klein H. E., "Interactive Innovative Teaching & Training", 2003.
4. Klein, H. E., ed., "Collection of International Case Studies", WACRA, 1999.
5. Klein, H. E., ed., "Creative Teaching ACT4", ACT(Academy for Creative Teaching) & WACRA, 2001.

テキスト & ケース

1. Bowen, D., Lewicki, R., Hall, D., Hall, F., "Experience in Management and Organizational Behavior", John Wiley & Sons, 1997.
2. Dalrymple, D., Parsons, L., Jeannet, J., "Cases in Marketing Management", John Wiley & Sons, 1992.

3. FASID (Foundation for Advanced Studies on International Development), "FASID Case Book 6th volume", 2004.
4. Kashani, K., "Managing Global Marketing: Cases and Text", PWS-KENT, 1992.
5. Lawrence, P., Barnes, L., Lorsch, J, *Organization and Administration Cases and Readings*, 3rd ed., Richard Irwin, 1976.
6. Quelch, J. A., Farris, P. W., *Cases in Advertising and Promotion Management*, 4th ed., IRWIN, 1994.
7. Schlosser, Michel., *Corporate Finance: A model-building approach*, Prentice Hall, 1989.
8. Simmonds, K. & Leighton, D., *Case Problems in Marketing*, Nelson, 1973.

参考文献（日本語）

1. 青木武一『問題解決訓練コースⅠ　問題解決のプロセス』日本マネジメントスクール
2. 飯久保廣嗣『実践・問題解決の技法』日本経済新聞社，1994 年
3. 石田英夫編『ケースブック国際経営の人間問題』慶應通信，1984 年
4. 今井繁之『意思決定の思考法』日本実業出版社，1994 年
5. 小椋康宏編『経営教育論』学文社，2000 年
6. 川端大二・鈴木伸一編『研修基礎講座 8　研修用語事典』産業労働調査所，1980 年
7. 銀行研修社編『問題の発見とその解決　1 組織運営と人事管理』銀行研修社，1993 年
8. グロービス・マネジメント・インスティチュート編『MBA ケースブック 1　ビジネス・クリエーション』ダイヤモンド社，2004 年
9. 慶應義塾大学ビジネス・スクール訳『ケース・メソッドの理論と実際　ハーバード・ビジネス・スクールの経営教育』東洋経済新報社，1977 年
10. 慶應義塾大学ビジネス・スクール監修，伏見多美雄編『ケースブック経営政策とマネジメント・システム』慶應通信，1982 年
11. 慶應義塾大学ビジネス・スクール編『教材リスト』慶應義塾大学ビジネス・スクール，1994 年
12. C. H. ケプナー，B. B. トリゴー著，上野一郎監訳『新・管理者の判断力―ラショナル・マネジャー』産能大学出版部，1985 年
13. 坂井正廣『経営学教育の理論と実践』文眞堂，1996 年
14. 坂井正廣・吉田優治監修，ケース・メソッド研究会編『創造するマネージャー』白桃書房，1997 年
15. 坂井正廣・吉田優治編『マネジメント―ケースに学ぶ―』文眞堂，1991 年
16. 佐藤允一『問題の構造学』ダイヤモンド社，1977 年
17. 柴田典男・許斐義信『講座ビジネスゲーム 1　入門編』中央経済社，1977 年
18. ジョージ・オデオーン著，勝山英司・成瀬健生訳『管理者の問題解決』産能大学出版部，1974 年
19. 鈴木伸一『研修基礎講座 6　研修技法』産業労働調査所，1979 年
20. スタンフォード・L・オプトナー著，石田武雄訳『経営問題解決のためのシステム論』同文舘，1965 年
21. 高木晴夫『ケースメソッドによる討論授業―価値観とスキル―』慶應義塾大学ビジネス・スクール，2000 年
22. 田代　空『研修基礎講座 7　事例研究』産業労働調査所，1979 年
23. 辻村宏和『経営者育成の理論的基盤』文眞堂，2001 年

24. 辻村宏和「経営技能の特性を前提としたケース・メソッド」日本経営教育学会編『新企業体制と経営者育成』学文社，2002 年
25. 土屋守章『ハーバード・ビジネス・スクールにて』中公新書，1974 年
26. ドラッカー・P 著，久野桂・佐々木実智男・上田惇生訳『状況への挑戦—実践マネジメント・ケース 50 —』ダイヤモンド社，1978 年
27. 日本経営教育学会編『経営教育事典』学文社，2006 年
28. NPO 法人日本ケースメソッド協会『新ケースメソッド—理論と実践—』2006 年
29. 野村マネジメント・スクール編『企業変革と経営者教育』野村総合研究所，2000 年
30. バーンズ・クリステンセン・ハンセン編，高木晴夫訳『ケース・メソッド実践原理—ディスカッション・リーダーシップの本質』ダイヤモンド社，1997 年
31. 一橋ビジネスレビュー編『ビジネス・ケースブック No.1』東洋経済新報社，2003 年
32. 百海正一「Case Nestle Japan」WACRA 予稿集，1996 年
33. 百海正一 & 佐藤允一「Structuring Problems」WACRA 予稿集，1997 年
34. 百海正一 & 佐藤允一「Case Akebono Company」WACRA 予稿集，1998 年
35. 百海正一「ケース・ティーチングと学習」『日本経営教育学会第 40 回全国研究大会予稿集』日本経営教育学会，1999 年
36. 百海正一 & 佐藤允一「Case Taiyo Trading Company」WACRA 予稿集，2000 年
37. 百海正一「第 4 世代評価の方法」日本経営情報学会予稿集，2000 年
38. 百海正一「ケース・ライティング」『日本経営教育学会第 43 回全国大会報告要旨』日本経営教育学会，2001 年
39. 百海正一「経営学におけるファカルティ・ディベロップメント」日本経営学会第 76 回大会報告要旨集，予稿集，2002 年
40. 百海正一「ケースメソッド教育」日本経営学会第 77 回大会報告要旨集，2003 年
41. 百海正一「ケース・ライティング・プロセス」日本経営数学会第 27 回全国研究大会報告要旨集，2005 年
42. 百海正一「ケース・ティーチング」経営情報学会 2007 年春季全国研究発表大会予稿集，2007 年
43. 百海正一「ケース・メソッドによる学習」経営情報学会 2008 年秋季全国研究発表大会予稿集，2008 年
44. ポール & フェイス・ピゴーズ著，菅 祝四郎訳『インシデント・プロセス事例研究法』産業能率大学出版部，1980 年
45. 村本芳郎『ケース・メソッド経営教育論』文眞堂，1977 年
46. 柳原範夫「実践経営の課題と教育」森本三男編『日本経営教育学会創立 20 周年記念論文集—実践経営の課題と経営教育—』学文社，1999 年
47. 吉田優治・中村秋生『ジャパンケースバンク　マネジメントケース集第 1 巻　管理する』白桃書房，2004 年

あとがき

　大学での教育にたずさわるようになってから，早いものでもう20数年になる。この間，私はケースメソッドに関心を寄せてきた。その原点は，1975年スイス・ローザンヌにあるビジネススクール IMEDE（現 IMD）で受けた教育にある。当時出版されていたビジネス関連書をジャンル別に分類してみると，以下のようになる（「当時の出版物」参照）。

　これらの本は，「ビジネススクールの教育」や「ケースメソッド」の概要を紹介するものであった。それゆえ，私のケースメソッドに関する知識は，徳山二郎『アメリカのビジネススクール』，土屋守章『ハーバード・ビジネススクールにて』を読み，理解していた程度のものであった。しかし，それだけでは到底ビジネススクールの教育にはついていけない，ということがわかったのは，実際に入学してからであった。

「当時の出版物」

① ビジネススクールの教育に関するもの
  a) 徳山二郎『アメリカのビジネス・スクール　経営者教育における大学院の役割』ダイヤモンド社，1973年
  b) 土屋守章『ハーバード・ビジネス・スクールにて』中公新書，1974年

② ケースメソッドと経営教育に関するもの
  a) 亀井辰雄編『経営教育の理論と実例』日本生産性本部，1962年
  b) 関口　操『管理能力とケースメソッド』中央経済社，1963年
  c) David R. Willings, "How to use the case study in training for decision making", Business Publications, 1968

③ ケース・スタディー全般あるいはケースメソッド学習に関するもの
  a) 樋口又男『事例研究の方法と展開』日刊工業新聞社，1965年
  b) 田代　空『ケース・スタディーの12章』日本産業訓練協会，1966年
  c) Anne K. Stenzel and Helen M. Feeney, "Learning by the Case Method: Practical Approaches for Community Leaders", The Seabury Press, 1970

④ ケース分析に関するもの
  a) Kenneth E. Schenelle, "Case Analysis and Business Problem Solving", McGraw-Hill, 1967
  b) 田代　空『ケース分析の方法』日本産業訓練協会, 1968 年
  c) Robert Ronstadt, "The Art of Case Analysis: A guide to the Diagnosis of Business Situation", Lord Publishing, 1977
⑤ ケース・ティーチングに関するもの
  a) 田代　空『ケース指導の方法』日本産業訓練協会, 1969 年
⑥ ケース・ライティングに関するもの
  a) 田代　空『ケースのつくり方』日本産業訓練協会, 1967 年
  b) Michiel R. Leenders & James A. Erskine, "Case Reaserch The Case Writing Process", Research and Publication Division, School of Business Administration The University of Western Ontario, 1973
⑦ ケース・ブックに関するもの
  a) 一橋大学産業経営研究所『経営方針ケース・ブック』ダイヤモンド社, 1958 年
  b) 日本マネジメントスクール教育部編『JMS Case Book Ⅰ　ミドル・マネジメント 1』日本マネジメント・スクール, 1960 年
  c) 日本生産性本部生産研究所生産性教育企画委員会『工業経営学入門』日本生産性本部生産研究所, 1961 年

　そこで，筆者がどのような学生生活を送っていたか，少し紹介しておこう。1975 年 1 月はじめ，ローザンヌ郊外のインター・ヨーロップ・モーテルで，入学パーティが開催された。集まった顔ぶれはヨーロッパ，南北アメリカ，アフリカ，オーストラリア，アジアなど 23 カ国から来た人たちを加えて総勢 45 人が一同に会した。ここに集まった仲間が，これから机をならべ，苦楽をともにするクラス・メイトである，という連帯感で，親しくなった。ところが，パーティの終了後，学校から大量の教材が届けられていた。それは，分厚いテキストと 1 週間分の宿題（ケース）であった。授業が始まるまでわずか数日しかない。パーティーでの意気投合はどこへやら，みんな早速机にかじりついて宿題に取りかかった。これが，ケースメソッド授業の始まりであった。毎週，木曜日になると，次週分の宿題がどっさりわたされる。学生たちは，配られた教材（通常 1 ケースにつき最低 2 つの参考文献）とテキストを読み，自分なりにまと

め，さらに自身の見解を加えるという作業をやらなければならない。その分量は，1日分平均70〜80ページあり，ときには100ページを越すことも少なくなかった。多くの学生と同様に，筆者もはじめの3カ月間は文字どおり時間との闘いであった。クラス（1日3ケース）が終了すると，学校近くのアパートに戻り，夕食をとる。それからは，深夜の2時から3時近くまで，宿題に取り組む日々であった。この窮状は，ネイティブ・スピーカーである学生たち（英国，米国，カナダ，豪州）も同様であった。翌週分の宿題は，週末にやっておかなければならない状態だったので，日曜日も机に向かうという文字どおりケース漬けの生活であった。1年間に履修するケースが約700（当時，ハーバード・ビジネススクールが2年間に約900）であることを鑑みるに，IMEDE（現IMD）の教育がいかに厳しかったか，おわかりいただけるだろう。

1970年代当時，日本におけるケースは，例示的なケース（数ページの小事例）が多く，実際的な問題解決や意思決定を指向したケースは，ハーバードの翻訳版（例，日本生産性本部）と日本で開発されたケース（例，日本マネジメントスクール）が少数あったにすぎない。また，その頃のケースメソッドは本場のケースメソッドと比べてきわめて幼稚なものだった，と思う。例えば，ケースを分析し，討議した結論が，「部下とのコミュニケーションを増やす」「管理職としてのリーダーシップの確立」などを対策としてあげていたものであった（少し言いすぎだろうか）。これに対して，当時のアメリカでは，ステンゼルとフィーニィの『ケースメソッド学習』，シュネルの『ケース分析と問題解決』，ロン・スタットの『ケース分析のアート』など多数の書物が出版されていた。

それでは，ケースメソッドが普及し，ケース・ブックが多数発刊されている現在，「ケースメソッド学習」「ケース分析」「ケース・ティーチング」「ケース・ライティング」などに関する書物は，どのくらい出版されているだろうか。また，ケースメソッドに関する研究会，例えば，NACRA（North American Case Research Association）や，WACRA（World Association for Case method Research and case Application）などの組織は存在するだろうか。さらに，日本経営学会，日本経営教育学会，経営情報学会，日本交渉学会，組織学会，日本商業学会，

実践経営学会，日本ビジネス学会などの学会が存在するが，ケースメソッドに関連する研究報告やワークショップはどのくらい開催されているだろうか。筆者の知る限り，ほんのわずかである。そこで，これからビジネススクールで学ぼうとする人たちのために「ケースメソッドによる学習」に関する本を執筆しようと思った次第である。そして，この書物が，日本におけるケースメソッドとその教育の発展に少しでも役立つことを願っている。ケースメソッドの普及は，私のライフワークであり，これからも取り組んでいきたいと考えている。読者諸兄からのご批評，ご指導をお待ちしている。

　最後に，本書を上梓するに当たって，これまで有益な示唆を与えていただいた方々，James Erskine（ウエスタン・オンタリオ大学教授），Jane Mallor（インディアナ大学教授），Margaret Naumes（ニューハンプシャー大学教授），故 Philip Law（ロンドン・ビジネススクール教授），故坂井正廣（青山学院大学教授），佐藤允一（帝京大学名誉教授），高木晴夫（慶應義塾大学ビジネス・スクール教授），田代空（NPO法人日本ケースメソッド協会会長），藤田　忠（元東京田中短大学長）に心から感謝の意を表したい。

2009年2月

百海　正一

索　引

ア　行

アイ・エム・ディー（IMD）　1, 7, 115-119, 146, 148
青木武一　80
アップルゲイト，リンダ（Applegate, Lynda M）　46
AMA（American Management Association）　9
アンソニー，ロバート（Anthony, Robert）　10, 29, 45
アンドリュース・ケネス（Andrews, Kenneth R）　92
意思決定ケース　26
ECCH（European Case Clearing House）　45
イーストン，ジョフ（Easton, Geoff）　58, 60, 68, 79, 93, 95, 102, 113
イヴァンセビッチ，ジョン（Ivancevich John M）＆マッテソン，マイケル（Matteson Michael T）　14, 18
今井繁之　29, 45, 70, 79, 80
インシデント・プロセス方式　16, 26, 36, 37
インディアナ大学　7, 84, 120
イン・バスケット・ゲーム　26, 40, 41
イン，ロバート（Yin, R.K）　6, 11
ウエスタン・オンタリオ大学　1, 7
エクササイズ・ケース（Exercise case）　26, 27
エクペリエンシアル・ラーニング（Experiential Learning）　9
AMP（Advanced Management Program）　1, 2, 3
エッジ，アル（Edge, Al）　4, 95, 102, 104, 105, 107, 112
MBA（Master of Business Administration）　2
応急的問題　59, 135
太田勝造・野村美明　126
大林厚臣　73, 80
オーディエンス（読者，聴衆者）　96, 109, 110
オディオーン，ジョージ（Odiorne, George）　67, 79
オーラル（口頭）・プレゼンテーション　93, 94

カ　行

解決案の作成　66
学習効果　52
学習目標（Learning objective）　19, 23, 24, 89
カシャーニ，カムラン（Kashani, Kamran）　45
ガトレル，カロライン（Gatrell, Caroline）＆ターンブル，シャロン（Turnbul, Sharon）　4
カッツ，ロバート（Kats, Robert）　12, 18
苅谷剛彦　13, 18
川端大二・鈴木伸一　11
キーガン，ワレン（Keegan, Warren）　105, 112, 114, 120
教育理論　83
教授法　5, 7
QC（Quality Control，品質管理）　61
基本的問題　59, 135
クエルチ，ジョン（Quelch, John. A）＆ファリス，ポール（Farris, Paul. A）　49, 53, 100, 102
クラス・サイズ　82
クラス討論（Class Discussion）あるいは討議　51
クラス討論のアウトライン　87
クラス討論における教師の役割　92
グラッグ，チャールズ（Gragg, Charles I）　44, 46
クリガー，マーク（Kriger, Mark P）　92, 134
クリステンセン，ローランド（Christensen, C. Roland）　4
グループ学習（Group studies）　51, 81, 82
KJ（川喜多二郎）法　61
ケース学習のプロセス　47
ケース試験　93, 110
ケース・スタディー（事例研究）　2, 5-8
ケース・スタディー・リサーチ　6
ケース・ディベート　100
ケース・ディベート評価シート　101

ケースメソッド (The Case method of Instruction)　5-7, 16
ケースの分類　25-27
ケース分析レポート (WACs)　93, 103, 108, 111
ケース・プレゼンテーション　93, 94
ケース・ライター　6
ケース・リサーチャー　6
ケース・リサーチ・ジャーナル (Case Research Journal)　136
ケース・レポートの構成　104
ケース・レポートの評価　109
決定基準　68
ケプナー＆トレゴー (Kepner & Tregoe)　28, 44, 56, 65, 79
ケロッグ，マッケニー (Kellogg, D, Mckinney)　110, 112
講義方式 (Lecture method)　5, 7
交渉　93, 121
交渉ケースブック　126
黒板利用（ボード・プラン）　88
個人学習　47, 54
コーレイ，レイモンド (Corey, Raymond M)　46
コンサルティング・プロジェクト　116, 118, 119
コンセプチュアル・スキル　13, 14, 16, 17
コンプレックス・ケース (Complex Case)　32, 33
コンペティションを伴うプレゼンテーション　99

サ　行

サミー，サイード (Samee, Saeed)　22, 43
サイモン，ハーバート (Simon, Herbert A.)　29, 45
サイヤート，リチャード＆マーチ，リチャード (Cyert, Richard M. & March, James G.)　80
坂井正廣　4, 6, 20, 43-45, 129, 149
佐藤允一　61, 79, 149
シェイラ，メイ (Sheila, May)　97, 98, 102
ジェンティル，メアリー (Gentile, Mary C.)　46
質問例　132
情報の正確度・妥当性　64, 65
事例史あるいは経営史　26
システムズ・アプローチ　62
システム・チャート　62, 63
柴田典男・許斐義信　16-18
(時) 分割したケース（経過事例）　34
シュネル，ケネス (Schnelle, Kenneth)　148
シュロッサー，ミシェル (Schlosser, Michel)　33, 45
シモンズ，ドナルド (Simmons, D. D.)　44
シーマン (CEEMAN)　4
シミュレーション・ゲーム (Simulation & game)　7, 8
シャピーロ，ベンソン (Shapiro, Benson)　46, 92
ジャネット，ジーン・ピエール (Jeannet, Jean-Pierre)＆ヘネシー，ヒューバート (Hennessey, Hubert D.)　22, 43
状況分析ケース　26-28
スキル観察用紙　18
杉村太郎・細田健一・丸田昭輝　125, 126
鈴木伸一　11, 45
ステンゼル＆フィーニー (Stenzel, A. & Feeney, H.)　148
ステークホルダー　75, 76, 124
ステークホールディング・オーディエンス　77, 110, 112
スラウター，カサリーン (Slaughter, Kathleen)　104, 112
スチュワート＆ウイン (Stuart, Kim & Winn, Joan)　100, 102

タ　行

タイム・プラン　90
第四世代評価の方法　77
高木晴夫　4, 149
高田朝子　92
高橋吉之助　45, 53
田代　空　4, 12, 35, 45
ダッシュマン会社　30, 31, 81
代替案分析表　71

橘　由加　112
ダニエル，ジョン（Daniel, John）& ラデボー，
　　リー（Radebaugh, Lee H.）　20, 43
ダルリンプル，ダグラス（Dalrymple, Douglas），
　　パーソンズ，レオナルド（Parsons, Leonard
　　L）& ジャネット，ジーン・ピエール
　　（Jeannet, Jean-Piere）　31, 45, 107, 108, 112
知恵・叡知（Wisdom）　5, 14, 15
チュータリング　8, 10
鶴岡公幸・松林博文　4
ディシジョン・ツリー（Decision Tree）　72, 73
ディスカッション・リーダー（討議指導者）
　　82, 86-88, 90, 91
ティーチング・プラン（教育計画）　90
ティーチング・ノート　135, 136
テクニカル・スキル　12, 14, 16, 17
統合型交渉　121
特性要因図　62
トレリ，ハンス（Thorelli, Hans）　9
ドーレイー，アーチ（Dooley, Arch R.）& スキナー，
　　ヴィックハム（Skinner, Wickham）　25, 44

ナ　行

ナウメ，マーガレット & ウイリアム（Naumes,
　　Margaret & William）　23, 24, 44, 149
中谷 彪・浪本勝年　18
中村秋生　129
ナクラ（NACRA）　148
ノース・ウエスタン大学　1, 7
ノート（リサーチ・ノート）　41, 42
野村マネジメント・スクール　3
日本経営科学研究所（JAIMS）　11
日本交渉学会　126
（NPO）日本ケースメソッド協会　131

ハ　行

バウアー，ジョセフ（Bower, Joseph L.），
　　バートレット，クリストファー（Bartlett,
　　Christopher A.），ウターヴェン，ウーゴ
　　（Uyterhoven, Hugo E. R.），& ウォルトン，
　　リチャード（Walton, Richard E.）　33, 45
バゼル，ロバート（Buzzell, R. D.）　49, 53

バックグラウンド・ケース　31
パーソンズ，レオナルド（Parsons, Leonard）
　　31, 45, 108
バートレット，クリストファー（Bartlette,
　　C.）& ゴーシャル，スマントラ（Ghoshal,
　　Sumantora）　4
バートレット，クリストファー（Bartlette, C.）
　　45, 49, 53
（ハーバード・）ケネディスクール　121
ハーバード大学　7
ハーバード・ビジネススクール　1, 84
バーンズ，ルイス（Barnes, Louis B.），クリステ
　　ンセン，ローランド（Christensen, Roland
　　C.），ハンセン，アビー（Hansen, Abby J.）
　　4
バーンズ，ルイス（Barnes, Louis B.）　12, 32,
　　45, 112
ハモンド，ジョン（Hammond, John S.）　46
バンス，チャールス（Vance, Charles M.）　134
ハンセン，アビー（Hansen, Abby J.）　1
判断のための教育　5
評価のためのケース　26
PMD（Program for Management Development）
　　1-3
ピゴーズ，ポール & フェイス（Pigors, Paul &
　　Faith）　37, 38, 45
ビジネス・ゲーム　9, 16
ビッカースタフェ，ジョージ（Bickerstaffe,
　　George）　3
ヒース，ジョン（Heath, John）　11, 44
ヒューマン・スキル　13, 14, 16, 17, 119
フィールド・リサーチ　93
フォルツ，フランクリン（Foltz, Franklin）　1
藤井義彦　3, 124, 126
藤田　忠　11, 126, 149
ブルーム，ベンジャミン（Bloom, Benjasmin）
　　19, 43
ブルンス，ウイリアム（Bruns, William J.）　46
プレゼンテーション・ワークシート　96
プレゼンテーション評価基準　98
プログラム学習（Programmed Learning）　7-9
プロジェクト方式　8
プロジェクト・レポート　93, 114

分配型交渉　　121
ヘイウッド・ファーマー，ジョン（Haywood-Farmer, John）　46
ヘネシー，ジャネット（Hennesy, Jeanet）　22
細谷克也　67, 79
ボノマ，トーマス（Bonoma, Thomas V.）　46

マ　行

マウフェテ・リンダース，ルイス（Mauffette-Leenders, L. M.），エリスキーネ，ジェイムズ（Eriskine, J. A.），リンダース，ミシェル（Leenders, M. R.）　44, 48, 52, 68, 71, 74, 78, 80, 149
槇田仁　45
マクネアー，マルコム（McNair, Malcolm）　112, 113
マッキーチ，ウイルバート（McKeachir, Wilbert J.）　11, 83, 85
マネジリアル・スキル　12
満足水準（Satisfactory or acceptable level）　75
ミミック，リチャード（Mimick, Richard）　46
宮川公男　80
村本芳郎　20, 43
ミンツバーク，ヘンリー（Mintzberg, Henry）　3, 11
メリー，ロバート（Merry, Robert）　113
問題あるいはイシュー（Issue）　56-59
問題中心あるいは意思決定のケース　25
問題の重要度と緊急度　60
問題分析（イシュー・アナリシス）　56, 5, 58, 59

ヤ　行

役割シート（あるいは指示書）　39, 123
山本成二・美濃一朗　11
ユーイング，デイビッド（Ewing, David W.）　3
吉田優治　6, 11, 45

ラ　行

ランガン，カスツリ（Rangan, Kasturi V.）　46
リサーチ・ノート　41
レイノルズ，ジョン（Reynolds, John）　24, 25, 44
レイモンド，トーマス（Reymond, Thomas）　100, 108, 112, 114
レビスキー，ロイ（Lewicki, Roy），サンダース，デイビッド（Saunders, David M.），& ミントン，ジョン（Minton, John W.）　122, 123, 125
レポート評価　109
ローマン，ジョセフ（Lowman, Joseph）　19, 43
ロール・プレイング（Role playing）　7, 8
ロール・プレイングを伴うケース　26, 39
ロール・プレイングを伴うプレゼンテーション　98
ローレンス，ポール（Lawrence, Paul R.），ルイス，バーンズ（Barnes, Loius B.），& ロルシュ，ジェイ（Lorsch, Jay W.）　31, 45
ロンシュタット，ロバート（Ronstadt, Robert）　93, 96, 102, 112, 107, 148

ワ　行

ワクラ（WACRA）　84, 148

著者略歴

百海　正一（ひゃっかい　しょういち）

1943 年	群馬県生まれ
1967 年	ICU（CLA）
1969 年	ICU（MPA）
1975 年	スイス・IMEDE（現 IMD）（MBA）
1992 年	フランス・エクサン・プロバンス大学インターナショナル・ティーチャーズ・プログラム（Certificate of ITP）終了
1996-97 年	アメリカ・インディアナ大学ケリー・ビジネススクール客員教員
1994-99 年	アメリカ・サウス・カロライナ大学コロンビア校，サンダーバード（アメリカ国際経営大学院），コロラド大学デンバー校の FDIB（国際経営）プログラム修了（Certificate of FDIB）
1997-2001 年	カナダ・ウエスタン・オンタリオ大学リチャード・アイビー・ビジネススクール，アメリカ・ハーバード大学ビジネススクール，慶應義塾大学ビジネス・スクールのケースメソッド関連セミナー修了
1969 年	日本航空・1986 年神奈川大学・2003 年専修大学を経て現在文教大学講師

所属学会 & 研究会
WACRA（The World Association for Case Method Research & Application），
NACRA（North American Case Research Association），
経営情報学会，日本経営教育学会，日本経営学会，日本経営数学会，日本交渉学会
元日本マネジメントスクール・日本航空・産能大学・自己啓発協会講師，現在 NPO 法人日本ケースメソッド協会・日本ケースセンター会員

ケースメソッドによる学習

2009 年 7 月 10 日　第一版第一刷発行

著　者　百　海　正　一
発行者　田　中　千津子

発行所　株式会社　学文社

〒153-0064　東京都目黒区下目黒 3-6-1
電話 3715-1501 代・振替 00130-9-98842

（乱丁・落丁の場合は本社でお取替えします）　　・検印省略
（定価はカバーに表示してあります）　　印刷／新灯印刷株式会社
Ⓒ 2009 Hyakkai Shoichi Printed in Japan　　ISBN978-4-7620-1964-7